Zacharias Heyes

Es leuchtet der Stern

Zacharias Heyes

Es leuchtet der Stern

Ein Begleiter durch die Advents- und Weihnachtszeit

Vier-Türme-Verlag

Siehe, die Weisen haben sich aufgemacht. Ihre Füße liefen nach Betlehem, ihr Herz aber pilgerte zu Gott. Sie suchten ihn; aber während sie ihn suchten, führte er sie schon. Sie glaubten nicht, dass der Mensch seinen einen Schritt unterlassen dürfe, weil Gott ja doch tausend machen müsse, damit beide sich finden.

Sie sehen einen Stern seltsam am Himmel emporsteigen. Und wenn sie auch erschrecken vor der Kühnheit ihres Herzens, so gehorchen sie doch und brechen auf.

Sie gehen verschlungene Wege, aber vor Gottes Augen ist es der gerade Weg zu ihm, weil sie ihn in Treue suchen.

Der Weg ist weit, die Füße werden müde und das Herz wird schwer. Es kommt sich seltsam vor, das arme Herz, weil es so anders sein muss als die Herzen der anderen Menschen, die so ernsthaft dumm in ihren Alltagsgeschäften versunken sind, wenn sie mitleidig oder ärgerlich diese Reisenden vorüberziehen sehen auf der Reise der nutzlosen Verschwendung des Herzens. Aber ihr Herz hält durch.

Und wie sie endlich ankommen und niederknien, tun sie nur, was sie eigentlich immer taten, was sie auf der Suche und Reise schon taten; sie bringen das Gold ihrer Liebe, den Weihrauch ihrer Ehrfurcht, die Myrrhe ihrer Schmerzen vor das Antlitz des unsichtbaren-sichtbaren

Gottes. Still, wie sie gekommen sind, schwinden sie wieder aus dem Gesichtskreis der heiligen Geschichte.

Aber wer einmal sein ganzes Herz bis zum letzten Tropfen verschwendet hat an den Stern, der hat das Abenteuer seines Lebens schon bestanden, der ist angekommen, auch wenn der Weg noch weiterführt.

Lasst auch uns auf die abenteuerliche Reise des Herzens zu Gott gehen! Lasst uns aufbrechen und vergessen, was hinter uns liegt! Es ist noch alles Zukunft – weil wir Gott noch finden, noch mehr finden können.

Der Weg geht durch Wüsten und Finsternisse. Aber verzage nicht; der Stern ist da und leuchtet.

Du sagst, er stehe zu klein und zu fern am Firmament deines Herzens? Aber er ist da! Er ist nur klein, weil du noch weit zu laufen hast! Er ist nur fern, weil deiner Großmut eine unendliche Reise zugetraut wird! Brich auf, mein Herz, und wandre! Es leuchtet der Stern. Viel kannst du nicht mitnehmen auf den Weg. Und viel geht dir unterwegs verloren. Lass es fahren! Gold der Liebe, Weihrauch der Sehnsucht, Myrrhe der Schmerzen hast du ja bei dir. Er wird sie annehmen. Denn du wirst ihn finden! Amen!

NACH KARL RAHNER

Vorwort

»Es leuchtet der Stern« – mit dieser Verheißung sind die drei Weisen aus dem Morgenland aufgebrochen, als sie den Stern aufgehen sahen. Wer kennt sie nicht, die Erzählung aus der Bibel, die bis heute nach Weihnachten um das Dreikönigsfest herum an vielen Orten nachgespielt wird, wenn die Sternsinger von Haus zu Haus ziehen und den Menschen den Segen von Betlehem bringen. Der Sternendeutung kundig, wussten die drei Weisen, dass dieser Stern die Geburt eines besonderen Menschen anzeigte. Bekannter sind sie heute als die Heiligen Drei Könige. Im Lauf der Zeit haben sie auch Namen bekommen: Kaspar, Melchior und Balthasar. Der Segen, den die Sternsinger jedes Jahr an die Häuser schreiben, lautet: »Christus segne dieses Haus.«

Die drei, die loszogen, haben nach einem langen Weg das Jesuskind, den neugeborenen König, gefunden und in ihm den Gottessohn erkannt. Ihm brachten sie ihre Gaben, aber damit auch ihr Herz und ihre Hingabe. Der Stern, der ihnen vorauszog, mag die Sehnsucht in ihnen geweckt haben – eine Sehnsucht nach einem Leben, das einen Sinn hat und in einem größeren Ganzen eingeordnet ist. Und sie haben den Segen des göttlichen Kindes empfangen, seinen liebenden Blick. Das Wort »segnen«, lateinisch *benedi-*

cere, leitet sich im Lateinischen ab aus den Wörtern für »gut« und »sagen«. Ursprünglich meint es also: über jemanden wird etwas Gutes gesagt. Das Gute, das Gott im Blick dieses Kindes über den Menschen spricht, meint: »Du bist geliebt, gewollt, beschützt – ich begleite dich.« So wussten sich die drei Könige angeschaut und angenommen, als sie an der Krippe in Betlehem ankamen.

Der Text, der dieses Buch eröffnet, ist eine Predigt von Abt Michael Reepen, die er nach einem Text von Karl Rahner, einem großen Theologen des 20. Jahrhunderts, verfasst hat. (Der Originaltext Rahners findet sich in: Karl Rahner, Kleines Kirchenjahr. Ein Gang durch den Festkreis. Herderbücherei, Bd. 901, Freiburg/Basel/Wien: Herder 1981. Karl Rahner, Von der seligen Reise des gottsuchenden Menschen Gedanken zum Fest der Erscheinung des Herrn, in: Geist und Leben 22, 1949)

In diesem Text ist der Weg der drei Weisen, ihre Beschwernisse und ihre Sehnsucht, wunderbar beschrieben und darin der Weg eines jeden Lebenspilgers eingefangen, der sich aufmacht, seiner Sehnsucht zu folgen – seiner Sehnsucht nach Sinn, Heil und Bejahtsein. Als ich im Jahr 1999 einige Tage in der Abtei Münsterschwarzach zu Gast war, entschied ich mich, den Pilgerweg nach Santiago de Compostela zu gehen. Der jetzige Abt Michael war mein

Gesprächspartner in diesen Tagen und gab mir den Text mit auf meinen Weg. Er war auf diesem Pilgerweg und ist bis heute für mich einer der wichtigsten Texte, weil er in mir meine Sehnsucht wachgehalten hat und mir Kraft gab und gibt.

Als ich gefragt wurde, ob ich für die Advents- und Weihnachtszeit einen Begleiter schreiben möchte, fiel mir daher sofort dieser Text ein, und ich fand es spannend, entlang der Zeilen dieses Textes meine eigenen Gedanken dazu zu formulieren.

Dieses Buch will Anregung sein, sich in den Tagend des Advents und der Weihnachtszeit bis hin zum Dreikönigsfest (neu) auf den Weg zu machen: auf den Weg des Herzens, der Sehnsucht nach Leben und Lebendigkeit, der Liebe und der Zuversicht – kurzum: einen Weg, der Sinn schenkt und mich neu versichert, dass ich als Mensch nicht zufällig bin, dass mein Dasein nicht zufällig ist.

Am Ende eines jeden Gedankens gibt es einen Impuls beziehungsweise eine Übung, die man am Morgen lesen und der man sich dann im Lauf des Tages widmen kann. Man kann ihn auch erst am Abend lesen und ihm am nächsten Tag folgen. Strukturiert habe ich die Texte nach den Wochen des Advents beziehungsweise der Weihnachtszeit, damit der Begleiter nicht nur in diesem, sondern in allen anderen Jahren gültig bleibt.

Am Ende des Jahres beziehungsweise zu Beginn des neuen Jahres habe ich mehrere Tage zusammengefasst als Tage des Übergangs: zum einen aus dem alten Jahr heraus und zum anderen in das neue Jahr hinein.

Ich bin überzeugt, dass jedem Menschen ein Lebensstern leuchtet, der ihn begleitet auf seinem Lebensweg. Ich wünsche meinen Lesern, dass sie ihn durch die folgenden Texte und Ideen entdecken und sich von ihm führen lassen – nicht nur durch die Advents- und Weihnachtszeit.

Pater Zacharias Heyes

1. Dezember

Siehe, die Weisen haben sich aufgemacht

Vor allem die Kinder lieben den ersten Dezember, denn ab heute dürfen sie jeden Tag ein Fenster ihres Adventskalenders öffnen. Der Advent ist Zeit der Vorbereitung auf Weihnachten. Bei mir entsteht oft der Eindruck, dass es in der öffentlichen Wahrnehmung fast keinen Unterschied mehr gibt zwischen Advent und Weihnachten. Bereits im Advent gibt es im Fernsehen festliche Weihnachtssendungen mit geschmückten Weihnachtsbäumen und Weihnachtsliedern; in Firmen und Büros finden im Advent Weihnachtsfeiern statt, Straßen und Häuser sind dekoriert mit weihnachtlichen Symbolen. Ich erinnere mich, dass früher bei mir zu Hause im Advent die Plätzchen gebacken wurden und ich mich auf Weihnachten freute, weil diese dann (!) gegessen werden durften.

Für mich ist es wichtig, die Adventszeit bewusst als Zeit der Erwartung zu gestalten. Ursprünglich meint das Wort Advent »Ankunft«. Christen bereiten sich in den Tagen und Wochen vor Weihnachten darauf vor, an Weihnachten die Ankunft Gottes bei den Menschen zu feiern. In Jesus – so sagt es der christliche Glaube – wird Gott Mensch. Lange schon haben die Israeliten sich nach der Ankunft des verheißenen Erlösers gesehnt. Und viele haben sich diese anders vorgestellt, als es dann gekommen ist. Sie dachten, er werde Israel von der Herrschaft der Römer befreien.

Auch heute sehnen sich viele Menschen nach einem Erlöser, einem Retter – nach einem, der stark und heldenhaft genug ist, die politischen und sozialen Probleme zu lösen oder der den Menschen das Gefühl gibt, dass alles gut ist und die Welt heil. Nicht selten werden Stars, Sänger, Schauspieler zu solchen Erlösergestalten stilisiert und hochgejubelt. Der Unterschied des Erlösers von Weihnachten zu all diesen menschlichen, zu Erlösern erkorenen Personen ist: Gott macht sich auf den Weg zum Menschen. Er kommt dem Menschen entgegen, nicht er ihm. Und er kommt als kleines hilfloses Kind, das auf die Fürsorge anderer Menschen angewiesen ist. Gott wird Mensch. Damit gibt er sich ganz in die Hand des Menschen. Maria und Josef nehmen sich dieser Aufgabe an. Sie haben beide Ja gesagt zu diesem Auftrag.

Als Jesus dann geboren wurde, leuchtete ein Stern am Himmel, den die drei Könige als einen besonderen Stern ansahen. Sie erkannten, dass sich hier die Geburt eines neuen Königs ankündigte. Diese drei Männer werden auch Weise genannt – vor allem deshalb, weil sie sich auskannten mit den Sternen am

Himmel. Es waren also sternenkundige Menschen. Als sie diesen Stern sehen, brechen sie auf, wie es in der Bibel zu lesen ist. Sie gehen los, um diesen neuen König zu finden. Der Stern zeigt ihnen den Weg. Er leuchtet – besonders in der Nacht. Mitten in der Nacht bricht Gott in diese Welt ein.

Der Advent lädt uns ein, aufzubrechen und loszugehen. Das Ziel ist heute aber nicht Betlehem, sondern unser eigenes Herz. Hier leuchtet der Stern – der eigene Lebensstern, der sagt: Gott will neu in dir geboren werden; er will neu durch jeden Menschen zur Welt kommen. Der Mensch muss also keine äußeren Erlösergestalten suchen. Gott ist im Menschen als leuchtender Stern.

Wie die drei Weisen, die zur Krippe gingen, um Jesus zu finden und dabei einem Stern am Himmel folgten, bist du eingeladen, den göttlichen Stern (neu) zu entdecken und ihm zu folgen. Er will dir den Weg zeigen zu einem Mensch-Sein, das mitten im Alltag und Alltäglichen das Göttliche entdecken lässt, das mitten im Mensch-Sein Gott entdeckt.

Impuls

- Setze dich entspannt und aufrecht hin. Nimm deinen Atem wahr und spüre, wie du immer ruhiger wirst. Lass alle Gedanken los und sei einfach da. Spüre dein Herz, wie es schlägt. Es ist dein Lebens-Herz. Lass alle Gefühle zu, die kommen. So, wie du jetzt da bist, bist du gut und Gottes Ebenbild. Gottes Licht leuchtet dir.

- Stelle dir jetzt einen Stern vor, der dein Lebensstern ist, der dir leuchtet, dir voranzieht und dir den Weg weist. Spüre sein Licht und seine Klarheit. Lass es einige Augenblicke auf dich wirken, dann verabschiede dich. Spüre dem Licht in dir nach und geh mit dem Gefühl in deinen Alltag, dass es leuchtet in dir – klar und hell.

2. Dezember

Ihre Füße liefen nach Betlehem, ihr Herz aber pilgerte zu Gott

Im Advent erinnere ich mich jedes Jahr neu an meinen Pilgerweg nach Santiago de Compostela, den ich im September 1999 begonnen und im Januar 2000 abgeschlossen habe. Und ich erinnere mich an den Text von Karl Rahner, den ein Mitbruder mir damals mitgab auf den Weg. Diesen Text habe ich fast täglich gelesen – es war ein Sehnsuchtstext, der mich auf dem Weg gehalten hat, der mich – wie die drei Weisen – durchhalten und am Ende auch ankommen ließ.

Alles begann mit einer starken inneren Suche. Nach abgeschlossenem Studium und Praktikum war ich unsicher geworden, wohin mich mein Weg führen würde und welche Richtung ich einschlagen sollte. Sollte es das Priesteramt sein, der Weg in eine Ordensgemeinschaft oder doch die Gründung einer eigenen Familie? Mein Nachdenken und Grübeln darüber brachte mir zunächst noch mehr Verwirrung als Klarheit.

Es war dann zwar kein Stern am Himmel, aber doch ein eigenartiger Moment, der Klarheit brachte: Ich ging bei einem Besuch in der Abtei, in der ich jetzt lebe, mit einem Mönch spazieren. Der Himmel war bewölkt, es fiel leichter Regen. Als ich ihm von der Idee erzählte, die schon länger in mir einfach da war, nämlich nach Santiago de Compostela zu pilgern, riss plötzlich der Himmel auf, die Sonne brach durch und schien genau auf uns beide. Der Mönch wandte sich mir zu, lächelte mich an und sagte: »Noch Fragen?«

Manche werden jetzt sagen, das war Zufall. Für mich war es in diesem Augenblick jedoch die Bestätigung, dass es richtig ist, diesen Weg zu wagen. Und selbst, wenn man an Zufall denkt: Das, was mir zufällt, braucht einen Absender, einen, der es mir zuwirft. Und da bin ich für mich wieder bei Gott als dem Absender.

Es brauchte dann noch eine Zeit der inneren Auseinandersetzung, des Anschauens von Ängsten und Befürchtungen, im Herbst und Winter einen Pilgerweg quer durch Frankreich und Spanien und über die Pyrenäen zu wagen. In allem Ringen aber blieb eine unstillbare Sehnsucht und der »aufgerissene Himmel« in meinem Herzen, die wie ein Magnet wirkten und mir am Ende gar keine andere Wahl ließen, als loszugehen. Als ich mich dann entschieden hatte, lief der Rest wie von selbst. In mir war eine klare, zielgerichtete Energie, und ich wusste genau, was zu tun ist. Das war für mich ein weiterer Hinweis darauf, dass es richtig war, diesen Weg und Aufbruch jetzt zu wagen. Es fühlte sich zwar immer noch an wie eine unbenennbare Sehnsucht, aber sie hatte ein klares geografisches Ziel: sozusagen mein Betlehem. Das Warum und Wozu, das Erkennen des größeren Sinns fehlte noch; aber die Sehnsucht ließ mich aufbrechen und das suchen, wonach mein Herz verlangte (und was ich auf dem Weg auch immer mehr gefunden habe). Die Sehnsucht wusste, welchen Weg sie mich führen wollte und konnte. Auf dem Weg erschloss sie sich mir immer mehr, bis ich am äußeren Ziel benennen konnte, was ich suchte und auch gefunden hatte.

Es geht bei Auf- und Umbrüchen im Leben immer um das »Mehr« im eigenen Leben, oder vielmehr um das Leben selbst: das, was die Bibel »Leben in Fülle« nennt. Es geht um das Berührt-Sein und Angesprochen-Sein von meinem innersten Geheimnis, das ich bin und das sich entfalten möchte. An dieser Stelle wiederum bricht Gott im Menschen ein beziehungsweise in ihm auf: Jeder Mensch als Gottes Ebenbild ist eine seiner Facetten. Jeder Mensch darf und soll sein volles, in ihn hineingelegtes göttliches Potenzial entfalten. Das Kind von Betlehem symbolisiert die kreative Seite des Menschen, sein reines schöpferisches Potenzial, das Form und Ausdruck finden will.

Heute ist das, gerade in der Wirtschaft, ein oft genanntes Ziel: Der Mitarbeiter soll sein volles Potenzial entfalten – oft zum Nutzen der Firma, zur Steigerung des Umsatzes und des Gewinns. Gottes Perspektive ist eine andere: Ihm geht es um den Menschen, darum, dass jeder der werden kann, der er wirklich und in seinem Innersten ist – ohne auf Zahlen und Ansehen zu schauen.

Die drei Weisen mögen etwas davon gespürt haben, von dem Großen, das da geschehen will: dass ein König geboren wird, der für diese Welt eine Botschaft hat, die den Menschen wieder mit Gott in Berührung bringt und damit auch mit seinem innersten Wesen. Deshalb wagten sie den Weg.

Das Entscheidende ist die Reise im oder zum eigenen Herzen – neu aufzubrechen zum Mensch-Sein, zur Menschwerdung.

Impuls

- Nimm dir heute eine gewisse Zeit, um deiner Sehnsucht näher zu kommen, ihr nachzuspüren. Was ist es, wonach dein Herz sich sehnt? Gib dieser Sehnsucht Raum, Zeit und Aufmerksamkeit und lass sie in dir aufsteigen, ohne sie gleich als utopisch oder vielleicht sogar gefährlich abzutun.
- Worauf verweist sie dich?
- Welches ungenutzte Potenzial ist in dir, das darauf wartet, aufbrechen zu dürfen?

3. Dezember

Sie suchten ihn; aber während sie ihn suchten, führte er sie schon

Als die drei Weisen aufgebrochen sind, werden sie überlegt haben, was sie mitnehmen auf die Reise – außer den Gaben Weihrauch, Myrrhe und Gold. Und selbst wenn sie Lasttiere dabei hatten, allzu viel dürfte es nicht gewesen sein.

Als ich damals nach Santiago aufbrach, stand in den Pilgerführern zu lesen, man solle nicht mehr als zwölf Kilogramm Gepäck mitnehmen. Also überlegte ich, was notwendig war: angefangen von Kleidung über Zelt (falls ich mal keine Übernachtungsmöglichkeit fände), Campingkocher und so weiter. Beim ersten Wiegen kam dann fast das Doppelte des empfohlenen Gewichts heraus. Also musste ich neu sortieren und vor allem aussortieren: Was kann ich doch zu Hause lassen, weil ich es nicht unbedingt brauche? Am Ende war es das Zelt und einiges an Kleidung, was ich da ließ. Wie oft habe ich damals meinen Rucksack gepackt! Und immer wieder nahm ich Dinge heraus, von denen ich zunächst gedacht hatte, dass ich sie ganz bestimmt brauche. Nach allem Aussortieren kam ich auf über 15 Kilogramm Gepäck.

Ich erinnere mich noch genau an die erste Wegstrecke, die ich mit meinem Rucksack pilgerte. Es war ein Sonntagnachmittag, und ich begann meinen Pilgerweg langsam – ganze zwölf Kilometer von Taizé nach Cluny. Ziemlich schnell merkte ich, wie schwer so ein Rucksack ist beziehungsweise werden kann, wenn man ihn mehrere Stunden lang auf dem Rücken hat. Bei einem ersten kurzen Hochheben zu Hause hatte er sich deutlich leichter angefühlt!

Der Weg lehrte mich dann, was ich wirklich brauchte und was nicht. Nach und nach spürte ich, was den Rucksack zu schwer machte. Ich schickte mehrere Pakete nach Hause – bis ich mit dem Gewicht auf unter 12 Kilogramm kam. Das war genau die richtige Schwere. Und das ist nicht viel: eine Hose (neben der Kleidung, die ich tagsüber trug), ein Handtuch, ein Paar Sandalen, zwei Unterhosen, eine Bibel, eine Zwei-Liter-Trinkflasche, ein Schlafsack, ein Regenschutz, ein Tagebuch.

Vieles Notwendige wurde mir dann auf dem Weg geschenkt, und ich spürte, dass ich geführt und begleitet bin. Ich entsinne mich an eine Pause in einem Café: Als die Bedienung erfuhr, dass ich nach Santiago de Compostela pilgerte, schenkte sie mir den bestellten wunderbaren Kuchen und den Milchkaffee. Bei einer anderen Gelegenheit wusch die Familie, die mir Gastfreundschaft gewährte, ungebeten meine Kleidung und am nächsten Morgen, als alle schon bei der Arbeit waren, empfing mich ein Stapel frisch gewaschener Wäsche. Solche Kleinigkeiten machten mich auf dem Weg einfach glücklich.

Impuls

- Wenn du dir einmal überlegst, dass du deinen »Lebensrucksack« packen möchtest: Was willst du in dir aussortieren, weil du es eigentlich unterwegs nicht brauchst?
- Wo darfst du Platz schaffen?
- Welches Lebensgepäck kannst du loslassen, damit du frei wirst und leichten Fußes deinen Weg gehen kannst?
- Was möchtest du zu Hause lassen und auf was kannst oder willst du auf keinen Fall verzichten?

4. Dezember

Sie sehen einen Stern seltsam am Himmel emporsteigen

Als sternenkundige Menschen werden die drei Weisen damals den Himmel regelmäßig intensiv beobachtet haben, um im richtigen Augenblick die besondere Sternenkonstellation zu erkennen. Als sie erscheint, verstehen sie sie richtig und brechen auf.

In der Bibel ist oft von solchen Lichtmomenten die Rede: Mose, der im brennenden Dornbusch von Gott gerufen wird, das Volk Israel aus der Sklaverei zu befreien; Maria, der ein Engel erscheint und der ihr mitteilt, dass sie die Mutter Jesu werden wird. Häufig ist es aber kein Licht und keine Gestalt, die die Menschen zum Aufbruch rufen, sondern nur eine Stimme. So zum Beispiel bei Samuel, der nachts im Tempel den Anruf Gottes hört und ihm folgt, oder Elia, der im Säuseln des Windes seine Stimme vernimmt. Und dann natürlich die Jünger Jesu, die mit ihm gehen und in seiner Nähe sein dürfen. Diese »Gerufenen« waren alle ganz normale Menschen wie du und ich. Mitten im Alltag erreichte und bewegte sie ein Anruf, der ihr Leben nachhaltig veränderte.

Was in den Bildern der Bibel beschrieben wird, ist das Angerührt-Sein, Berührt-Sein, Angesprochen-

Sein von dem, was Christen »Gott« nennen, andere »den Einen«, »das Große«, »das nicht Benennbare«. Es ist die Wahrnehmung, dass es einen Auftrag gibt, ein Ziel, auf das hin das eigene Leben ausgerichtet ist.

Die Sehnsucht danach trägt wohl jeder Mensch in sich. Die Sehnsucht ist der erste Pilgerführer für den Weg – den Herzensweg. Deshalb gilt es, die »Lichtzeichen«, die Leuchtmomente nicht zu vergessen, die eigene Wahrnehmung dafür zu schulen und alles, was sie zudeckt oder überdeckt, aufzuräumen, aus dem Weg zu räumen und sich neu auf den Weg zu machen.

So sehr wir Menschen uns also nach Leuchtzeichen sehnen, die uns mit unserer Sehnsucht in Berührung bringen, so schwer fällt es uns wohl auch, diese Zeichen wahrzunehmen und ihrer Spur zu folgen.

Denn die Zeichen und die Sehnsucht können mein momentanes Leben auch infrage stellen, anfragen: ob es noch stimmt, so, wie ich lebe; ob ich noch auf der Spur meiner Sehnsucht bin. Je nachdem, wie die Antwort ausfällt, kann mir bewusst werden, dass Konsequenzen notwendig sind und ich Änderungen in meinem alltäglichen Leben vornehmen muss. Leuchtzeichen rufen mich also heraus aus meinem oft auch bequem eingerichteten Leben.

In der Bibel ist Jona dafür ein gutes Beispiel. Er wird herausgerufen, um sich auf den Weg zu machen und als Prophet Gottes aufzutreten. Das ist keine leichte Aufgabe. Er soll die Stadt Ninive zur Umkehr aufrufen, zur Hinwendung zu Gott und einem entsprechenden Leben. Jona hat aber zunächst keine Lust, diesem Auftrag zu folgen. Als er sich weigert und vor der Aufgabe flieht, muss er drei Tage im Bauch eines Wales verbringen – bis dieser ihn an Land spuckt. Dann erst folgt er seinem Auftrag. Der dunkle Bauch des Wales kann ein Bild für unsere Höhlen sein, in die wir uns gerne zurückziehen, wenn wir merken, dass es unbequem wird und ans »Eingemachte« geht.

Dennoch ist es lohnenswert, dass wir uns diesen Leuchtzeichen und unserer Sehnsucht aussetzen und ihnen folgen – weil sie uns zu unserer tieferen Wahrheit führen. Sie wollen uns helfen, zu erkennen, wer wir wirklich sind und wozu uns das Leben ruft.

Wer das wagt, der darf die Erfahrung machen, dass er auf diesem Weg nicht alleine ist. Es werden ihm immer wieder genau die Dinge und Menschen begegnen, die ihm jetzt gerade weiterhelfen, eine Stütze sind und ihm genau das geben, was er jetzt braucht. Dies ist zumindest meine Erfahrung – auf dem Pilgerweg, aber auch auf meinem Lebensweg. Immer dann, wenn ich eine Ermutigung, einen Trost, eine Zuversicht brauche, ist am Himmel ein Regenbogen, ruft ein Freund an, um zu hören, wie es mir geht, begegnet mir im Gottesdienst ein Bibelwort, das weiter trägt. Auch für diese »Leuchtzeichen« Gottes kann ich meine Achtsamkeit immer mehr schulen.

Impuls

- Welchen Stern hast du bereits im Leben aufgehen sehen, welcher Stern ist aufgestiegen, der dich veranlasste, aufzubrechen, einen neuen Weg einzuschlagen, etwas Abenteuerliches zu wagen ?
- Welche Leuchtzeichen des Göttlichen hast du in deinem Leben entdeckt, die dich ahnen ließen: Da gibt es etwas Größeres, für das es sich lohnt, aufzubrechen, loszugehen und Neuland unter die Füße zu nehmen?
- Spürst du im Moment, dass sich die Sehnsucht regt, du aber keinen Mut, keine Kraft hast, dich auf sie einzulassen? Was bräuchtest du jetzt, damit du losgehen kannst?

5. Dezember

Und wenn sie auch erschrecken
vor der Kühnheit ihres Herzens,
so gehorchen sie doch
und brechen auf

Das Wort »Kühnheit« bezeichnet laut Lexikon eine »aggressiv vorwärtsdrängende Form von Mut« und stammt ursprünglich aus dem Soldatenjargon: der Soldat beziehungsweise der Vasalle war seinem Lehnherrn treu ergeben und zog für ihn mit einer gewissen »Kühnheit«, also bedingungslos in den Kampf. Später fand dieses Wort Eingang in den alltäglichen Sprachgebrauch, allerdings in einem etwas anderen Sinn, wenn man beispielsweise sagt, dass jemand eine kühne Behauptung aufstellt oder etwas Kühnes wagt. Man kann – so empfinde ich es – dieses Wort fast nicht adäquat umschreiben. Es klingt in meinen Ohren nach »groß« und »stark«.

Vor diesem großen Wagemut des Herzens, das seinen Weg kennt, erschrecken die Weisen, wie wir im Text von Karl Rahner lesen. Wenn ich oben von den Lichtmomenten gesprochen habe, die einem Menschen begegnen, dann ist mit solch tiefen Erfahrungen oft auch etwas Erschreckendes verbunden. Die

Tradition kennt das Wort vom *tremendum et fascinosum,* das sich auf Gott beziehungsweise auf Gottesbegegnung und -berührung bezieht. Das heißt, sie wird immer als etwas Faszinierendes, aber auch als etwas Erschreckendes erfahren. Das Erschreckende macht keine Angst, sondern ist eher ein heiliges Erschrecken vor dem, wozu der Mensch gerufen wird. Auch das findet sich in den Lichtmomenten, wie sie Mose oder Maria erleben: »Ich, ich soll es sein?«, »Warum denn ich?«. Es kann fast ein Gefühl von »das ist zu groß« entstehen, wenn mein Herz mich ruft auf den mir zugedachten Weg. Und doch bin ich gemeint.

Ich erschrecke manchmal noch heute darüber, wie kühn, wie wagemutig ich damals war, im Herbst zu diesem Weg aufzubrechen. Aber auch darüber, wie klar mir dieser Weg und der Ruf, ihn zu gehen, vor Augen stand, wie sehr sich meine Orientierung mit aller Kraft darauf richtete, nachdem ich Wochen und Monate vorher orientierungslos und kraftlos gewesen war. Ich konnte spüren: Es ist richtig, dass ich pilgere. Und wie froh bin ich heute, der Kühnheit meines Herzens gefolgt zu sein!

Auch die Weisen werden erschrocken gewesen sein: einen Weg zu gehen, von dem sie nicht wussten, wie lange er dauern, wo er sie hinführen, wen oder was sie finden, welchen Gefahren sie begegnen würden. Die drei Weisen oder Könige lassen vieles hinter sich, um der Kühnheit ihres Herzens zu folgen.

Jeder Mensch trägt eine solche königliche Würde in sich. Das hat verschiedene Seiten. Denn König zu sein bedeutet nicht, in Reichtum zu leben und anderen sagen zu können, was sie zu tun und zu lassen haben. Vielmehr ist es die Verantwortung für sich und für andere, die ein Mensch übernimmt, die ihn königlich werden lässt. Königswürde zu tragen, königlich zu sein bedeutet dann, der Kühnheit meines Herzens zu trauen, die mich immer wieder herausruft aus der Trägheit, Alltäglichkeit und materieller Fixierung.

Impuls

- ☆ Entdecke deine eigene königliche Würde – als Mensch, als Tochter und Sohn Gottes. Wo hast du Verantwortung für dich und für andere zu tragen? Wo gehst du vielleicht deiner Verantwortung für dein Leben aus dem Weg?
- ☆ Was ist heute ein »kühner« Sprung ins Leben und in den Tag ? Was will gewagt sein – mit Mut und Entschlossenheit?

6. Dezember

Sie gehen verschlungene Wege

Welche Wege mögen die Weisen wohl gegangen sein? Wie war es tagsüber, als es hell war und der Stern kaum zu sehen im Tageslicht? Sind sie nachts gereist, um ihn sehen und ihm folgen zu können? Ging der Weg immer geradeaus? Lag er immer ganz klar vor ihnen?

Tatsächlich bin auch ich auf meinem Pilgerweg auf verschlungene Wege geraten, als ich mich verlaufen habe. Ich erinnere mich noch genau, wie sehr ich mich geärgert habe, als ich am Abend bemerkte, dass ich genau dort wieder ankam, wo ich am Morgen losgegangen war. Ich dachte: Jetzt bin ich einen ganzen Tag lang umsonst auf dem Weg gewesen! Dann habe ich mich aber gefragt: Was war denn das Gute daran, dass ich mich verlaufen habe? Gibt es so etwas wie einen Sinn darin zu entdecken?

Mir fielen dann zwei Antworten ein. Zum einen fand ich an diesem Tag eine Übernachtungsmöglichkeit in einem Kloster der Maristenbrüder. Ich erfuhr die Gastfreundschaft der Brüder, die mich zuvorkommend und freundlich aufgenommen haben. Und ich durfte einige Tage zur Erholung bleiben, die mir sehr gutgetan hat. Zum anderen fiel mir hier aber auch ein Satz eines Mitbruders ein: »Umwege erhöhen die Ortskenntnis.« Immer, wenn er selbst diesen Satz erwähnt, erntet er ein Schmunzeln, wohl auch deshalb, weil es ein entwaffnender Satz ist. Normalerweise ärgert man sich, wenn man Umwege in Kauf nehmen muss – so wie ich an jenem Tag.

Dieser Satz ist auch und vielleicht sogar in erster Linie auf unseren spirituellen Weg bezogen. Wenn ich wieder einmal das Gefühl habe, geistlich nicht voranzukommen, wieder meinem eigenen Trott und meiner eigenen Trägheit erlegen bin, wenn ich wieder einmal einer Schwäche nachgegeben habe, die ich schon längst abstellen wollte, dann fühlt sich das an wie ein Umweg. Aber er lehrt mich etwas: Selten sind die Wege, die wir gehen, eben und gerade. Das erfahre ich an mir selbst, aber auch im Gespräch mit anderen immer wieder.

Manchmal ist es auch so, dass wir immer wieder in die gleiche Situation geraten, sich scheinbar das gleiche Muster wiederholt. Dann fragt man sich: Warum immer ich? Warum passiert das mir schon wieder? Aber auch in solchen Situationen haben »Umwege« ihren Sinn. Wahrscheinlich gibt es in der Wiederholung etwas zu lernen, das mich davon abhält, endlich die richtige »Abzweigung« zu nehmen und auf meinem Lebensweg weiterzugehen.

Die Perspektive kann aber auch eine andere sein: Welche Aufgabe liegt in den Umwegen meines Lebens? Was lehren sie mich? Welcher Lernschritt liegt an und will erkannt werden?

Impuls

- Hast du das Gefühl, gerade auf »verschlungenen Wegen« unterwegs zu sein oder dich verlaufen zu haben auf deinem Lebensweg? Welche Wegmarkierungen wollen beachtet sein? Wo könntest du Zeichen finden, die dich wieder auf den Weg bringen?
- Wo »zwingt« dich das Leben gerade zur Langsamkeit oder vielleicht auch zur Wiederholung? Wie könnte es gelingen, diesen »Umwegen« zu entgehen?

7. Dezember

… aber vor Gottes Augen ist es der gerade Weg zu ihm, weil sie ihn in Treue suchen

Umfragen unter jungen Menschen belegen, dass Werte wie eine verlässliche Partnerschaft, die in Treue gelebt wird, wieder sehr aktuell sind. Es gibt eine Sehnsucht nach einem festen Fundament, auf das ein Leben aufgebaut werden kann.

Umso verständlicher wird dies, wenn man die weltpolitische Lage in den Blick nimmt. Sie scheint heute eher instabil zu sein, vor allem angesichts von Problemen wie die zunehmende Radikalisierung vieler Länder und Teile ihrer Bevölkerung oder die Flüchtlingsfrage, für die keine einfache und keine zeitlich nahe Lösung in Sicht ist. Vielen ist es daher wichtig, dass es im privaten Leben, in der eigenen Familie Stabilität und Sicherheit gibt, wo jeder sich auf die Treue des anderen verlassen kann.

Wir Mönche von Münsterschwarzach haben uns einer solchen Treue verschrieben. Bei unseren feierlichen Gelübden versprechen wir, ein Leben lang an diesem Ort in der Gemeinschaft Gott zu suchen und dem nichts vorzuziehen. Das ist unsere Treue, die wir leben. Wonach hält aber der Ausschau, der in Treue Gott sucht?

Junge Brüder, die bei uns eintreten, benennen als ihren Beweggrund, dieses Leben zu wählen, immer wieder das »Mehr«, das es ihrer Ansicht nach im Leben geben muss. Ein »Mehr« als alles, was der Mensch erreichen, haben, besitzen kann.

Ich habe schon häufiger von meiner unbestimmten Sehnsucht gesprochen, die mich auf meinen Pilgerweg aufbrechen ließ. Mir war klar und deutlich: mein Aufbruch hatte etwas mit Gott zu tun. Als ich dann in Santiago ankam, nahm ich in mir drei Bewegungen wahr, die auf dem Weg gewachsen waren: Gottvertrauen, Weite, Gelassenheit.

Das Gottvertrauen war wohl gewachsen in der Erfahrung, dass ich heil und sicher ankam, dass ich zur rechten Zeit Hilfe erfuhr und ein Gefühl in mir war, dass Gott mich getragen hatte. Das Herz fand seine Weite in der Weite und Vielfalt der Natur und Schöpfung. Und die Gelassenheit wuchs in dem Maß, indem ich erlebte, dass Gott für mich sorgte, ohne dass ich mich sorgen musste.

Eine Begebenheit nach meinem Eintritt in der Abtei hat mich einige Zeit später genau daran erinnert. Es war mitten im Winter. Nach unserem Morgengebet standen zwei meiner Mitbrüder und ich in unserem Kreuzgarten. Es war ein klarer, tiefblauer Nachthimmel mit vielen leuchtenden Sternen zu sehen. Eine unendliche Weite. Wir drei schwiegen, weil es so unfassbar war – im wahrsten Sinne des Wortes. Mitten in diese schweigende Stille hinein sagte ein Mitbruder: »Jetzt schaut euch einmal diese Weite an – und da gibt es tatsächlich Menschen, die sagen, dass Gott kleinlich sei!« Ein Satz, den ich nie vergessen werde. Einer, der mich begleitet, sich regelmäßig in Erinnerung bringt und in mir immer wieder eine Sehnsucht weckt, mich aus manchem Alltagskleinkram herausholt, in dem ich mich manchmal zu verlieren drohe.

Gott – so empfinde ich das – bringt sich immer wieder in Erinnerung, er weckt neu meine Sehnsucht und ruft mich, nach ihm zu suchen, weil es das Leben weitet und tiefe Gelassenheit schenken kann.

Ihn in Treue zu suchen heißt dann für mich, dranzubleiben, meiner Sehnsucht immer wieder neu nachzuspüren, ihr Raum und Zeit zu geben, in den Gebetszeiten Gott Raum zu geben, mich seiner Gegenwart zu vergewissern – und mich immer wieder von ihm überraschen zu lassen in seiner Treue zu mir.

Wenn Gott in mir und in jedem Menschen ist, dann heißt Gott in Treue zu suchen jedoch auch, dass ich ihn mir selbst suche. Gott in mir zu finden meint also, in Treue zu mir zu stehen und nach dem zu suchen, was mich ausmacht und wer ich bin.

Andere Menschen haben oft ein festes Bild von mir, und mich in eine ihrer Gedankenschubladen abgelegt. Das ist Jesus auch passiert. Da sagten Menschen über ihn: »Ist das nicht der Sohn des Zimmermanns? Heißt nicht seine Mutter Maria und sind nicht Jakobus, Josef, Simon und Judas seine Brüder?« Sie denken, sie kennen ihn; sie meinen zu wissen, woher er stammt. Daher fragen sie sich, woher er all das Wissen über Gott hat, warum er sich in ihren Augen so aufspielen muss und meinte, er sei Gottes Sohn. Er aber lässt sich davon nicht beirren und geht aufrichtig seinen Weg, von dem er im Innersten überzeugt ist und auf den er sich von Gott gerufen weiß.

Auch ich darf an mir selbst dran bleiben, an dem Menschen, der ich von innen her bin – auch gegen Widerstände und Schwierigkeiten, auch gegen Schubladen und Erwartungen, die von außen an mich herangetragen werden. Und so Gott in Treue in mir suchen und entdecken.

Impuls

- Welche Menschen stehen treu zu dir und zu welchen stehst du treu – komme, was wolle?
- Kennst du Erfahrungen, dass Gott in seiner Treue zu dir steht? Wie und wo bringt er sich in Erinnerung?
- Wo hast du Schwierigkeiten, Gott treu in dir zu suchen? Welche Erwartungen spürst du, die dich davon abhalten, ganz du selbst zu sein?
- Was hindert dich sonst daran, in Treue zu dir, zu deinem So-Sein zu stehen?

8. Dezember

Der Weg ist weit, die Füße werden müde und das Herz wird schwer

Eine der Herausforderungen des Pilgerweges war es für mich, jeden Tag neu aufzubrechen. Ich habe zwar nie ernsthaft überlegt, den Weg abzubrechen beziehungsweise nach Hause zu fahren, weil mir alles zu anstrengend war. Das kam gar nicht in Frage. Manchmal war es aber wirklich schwer, weiter zu gehen, mich wieder aufzumachen. Wenn ich abends oder am späten Nachmittag langsam, aber sicher mein Tagesziel ansteuerte und in die Herberge kam, war ich an manchen Tagen der einzige Gast dort und verbrachte den Abend allein. Dann sehnte ich mich doch nach einem Gesprächspartner, einer Gesprächspartnerin.

Wenn es morgens regnete, wollte ich mich am liebsten ins Bett verkriechen und nicht weitergehen. Oft fiel es mir auch schwer, nach einer Pause wieder aufzubrechen – gerade wenn ich die Schuhe ausgezogen hatte, um die Füße an einem Bach zu erfrischen. Und manchmal brauchte es wirklich eine Ruhezeit, ein paar Tage Pause, weil das Knie entzündet war oder der Körper diese Ruhe einforderte.

Tatsächlich habe ich mir das dann auch gegönnt – ein Tag in der Woche war Ruhetag. Wenn es ging, war das der Sonntag. Und es hat gut getan, mir selbst die Erlaubnis zu geben, auch mal faul zu sein, auszuruhen und zu entspannen. Gerade wenn man müde ist, wenn Dinge zu viel waren, wenn sich Erschöpfung einstellt.

Anschließend war es dann auch viel leichter, mich wieder auf den Weg zu machen, eben nicht liegen zu bleiben. Letztlich war der Grund dafür auch das Wissen und das bewusste Erinnern daran, dass mein Ziel, das mich gewählt hatte, noch vor mir lag, dass der Weg unvollendet und es keine Lösung war, auf unbestimmte Zeit liegen zu bleiben. Daher ist es eine gute Regel, dass der Pilger auf dem Camino in jeder Pilgerherberge nur eine Nacht bleiben darf.

Die Benediktsregel fasst das in andere Worte, die jedoch auch sehr hilfreich sind auf dem Lebensweg: Sie sagt, dass der Mönch in allem das rechte Maß beachten beziehungsweise finden soll. Es braucht das rechte Maß an Erholung, aber auch das rechte Maß an Unterwegssein und Bleiben auf dem eigenen Weg. Zu diesem Unterwegs-Sein und Bleiben auf dem Weg gehören die Pausen, die Zeiten der Erholung für Leib und Seele. Gerade dann, wenn der Weg einmal schwer und steinig ist, ich mich einsam und alleine fühle, wenn mir die Füße schmerzen, ich körperlich erschöpft bin, ist es gut und richtig, mir selbst Gutes zu tun, durchzuschnaufen und Atem zu holen für die nächste Etappe.

Aber dann gilt es auch, den Weg fortzusetzen, zu dem ich einen Ruf gehört habe, auch gegen Widerstände. Solange das Ziel noch nicht erreicht ist, wird dieser Ruf in mir lebendig sein und mich immer wieder neu ermutigen, weiter zu gehen und mir immer mehr entgegenzueilen. Das ist die Perspektive, die Kraft schenken kann, weiterzugehen, nicht bequem hocken zu bleiben auf halber Strecke: Ich bin unterwegs zu mir selbst, und am Ende steht die Verheißung, nicht weniger als mich selbst gefunden zu haben.

Impuls

- Was motiviert dich für deinen täglichen Lebensweg – gerade, wenn das Aufstehen schwerfällt?
- Kennst du dein rechtes Maß an Arbeit und notwendiger Erholung?
- Nimm einmal heute bewusst wahr, was dein Körper alles für dich tut. Wie kannst du dich bei deinem Körper bedanken beziehungsweise ihm Gutes tun?
- Was sind Stolpersteine auf deinem Weg? Was macht dir das Herz und die Füße schwer, was hindert dich auf deinem Weg? Wie kannst du diese Steine aus dem Weg räumen oder einfach umgehen?

9. Dezember

Es kommt sich seltsam vor, das arme Herz, weil es so anders sein muss

Mir fällt zu diesem Text zunächst die Verheißung im Alten Testament ein. Dem Propheten Ezechiel wird aufgetragen, dem Volk Israel zu sagen: »Ich schenke euch ein neues Herz und lege einen neuen Geist in euch. Ich nehme das Herz von Stein aus eurer Brust und gebe euch ein Herz von Fleisch« (Ez 36,26). Das Herz des Volkes Israel ist verhärtet. Wir kennen dieses Gefühl auch aus unserem Sprachgebrauch. Wir sagen: »Dieser Mensch ist verhärtet« oder »Er hat einen verhärteten Gesichtsausdruck« oder: »Das Leben hat ihn hart gemacht«. All diese Aussagen meinen das Gleiche: Ein Mensch lässt sich emotional nicht mehr berühren, lässt keine Gefühle mehr zu. Er hat zu viel Unheil und Leid erfahren, sodass er sich jetzt schützt, indem er nichts mehr an sich heranlässt.

Das neue Herz, das Gott seinem Volk geben will, ist eines aus Fleisch und Blut. Gott will ein Volk mit Herzblut, das sich verschenkt, das sich in Dienst nehmen lässt und sich vor allem für die Entrechteten und Armen einsetzt. Das ist symbolisch zu verstehen und meint, dass sein Volk mitfühlend und damit menschlich werden soll. Und dazu gehört eben, das Herz zu spüren und wahrzunehmen – christlich ausgedrückt: sich des anderen, aber auch meiner selbst zu erbarmen.

Weltberühmt ist der Satz aus dem »Kleinen Prinzen« von Antoine de Saint-Exupéry: »Man sieht nur mit dem Herzen gut. Das Wesentliche bleibt für die Augen unsichtbar.« Das Herz weiß um tiefere Wahrheiten. Es weiß, dass all das, was einen Menschen nach außen hin hart macht, nicht das Letzte ist.

Wer es wagt, seinem Herzen zu folgen, sich selbst ernst zu nehmen, seinen Weg zu gehen, wird merken, dass er damit auch in Distanz zum Kollektiv geht, nicht mit dem Strom schwimmt, nicht das tut, was alle tun, weil es alle tun. Das kann zunächst einsam machen. Und einem das Gefühl geben, irgendwie »anders« zu sein.

Vor Jahren las ich den Satz von Leonardo da Vinci: »Binde deinen Karren an einen Stern.« Es ist die Aufforderung beziehungsweise Einladung, das Große zu entdecken, auf das hin ich unterwegs bin. Und mich auch vom Alltäglichen, von den Schwierigkeiten, von meinem »Karren«, der vielleicht schwer beladen ist und mich manches Mal mit seinem Gewicht auf den Boden drückt, nicht davon abhalten zu lassen, meinen Weg zu gehen. Wenn dieser »Karren« an einen Stern gebunden bleibt, an etwas, das über mir leuchtet und mir den Weg zeigt durch alle holprigen und vielleicht sumpfigen Wege, in denen ich stecken bleiben kann, dann verliere ich mein Ziel nicht aus den Augen. In diesem Stern steckt aber auch etwas von einem Geheimnis – ich weiß nicht, wohin er mich führen wird, was ich am Ende meines Weges finden werde. Ich kann es nur ahnen mit meinem Herzen.

Es ist wohl ein lebenslanger Wandlungsweg, das Leben nicht mehr nur rational zu betrachten, alles erklären zu wollen, sondern mich dem Geheimnis des eigenen Lebens zu stellen und dem Herzen Raum zu geben – und seiner Weisheit zu trauen.

Wenn bei uns ein Mitbruder gestorben ist, dann wird er in unserem Kapitelsaal aufgebahrt und wir feiern ein Gebetsritual zum Abschied. Dieses beginnt immer mit einer Stille. Zu Beginn heißt es dann: »Lasst uns still werden vor dem Geheimnis des Lebens unseres Mitbruders.« Jedes Leben, jeder Lebensruf, jeder Herzensruf hat sein Geheimnis, seine eigene Tiefe und Weisheit. Im respektvollen Annehmen des Geheimnisses meines Lebensweges und in der Öffnung des Herzens geschieht das Wesentliche.

Dabei ist es immer mein (!) Geheimnis. Lebenswege haben immer wieder Umwege, Brüche, Biegungen und Wendungen, die nicht immer dem Mainstream und dem, wie »man« angeblich zu leben hat, entsprechen. Andere werten dann schnell darüber und bilden sich eine Meinung. Alle Wendungen aber gehören zu mir und meinem Weg, zu meinem Geheimnis, das sich nur meinem Herzen erschließt. All die Wendungen und Biegungen, all das Ungeahnte und Plötzliche führt mich näher zu mir und zu meiner Mitte hin. Es ist mein Lebensweg, meine Geschichte und Gottes Geschichte mit mir.

Impuls

- Wo hat dich das Leben verhärtet? Spürst du manchmal so etwas wie eine »Rüstung« um dein Herz?
- Wo hat es dich geöffnet, was hat dich geöffnet und (wieder) weich werden lassen?
- Hast du manchmal das Gefühl, irgendwie »anders« zu sein? Fällt es dir schwer, das auszuhalten? Gibt es Dinge, Gefühle, Erlebnisse, die es dir leichter machen?

10. Dezember

… als die Herzen der Menschen, die so ernsthaft dumm in ihren Alltagsgeschäften versunken sind

Es gibt nicht wenige, die routiniert alltäglich leben, deren Träume irgendwann gestorben sind, die sich dem Machbaren angepasst haben. Manchmal, wenn ich mit dem Zug unterwegs bin, schaue ich mir die Gesichter der Menschen an. Oft entdecke ich dann Angespanntheit, großen Ernst, alle wirken irgendwie beladen. Dann frage ich mich, welche Last sie wohl gerade tragen und ob sie noch über den Rand hinausschauen können – hin auf etwas, das Entlastung gibt, Kraft und Freude für den Weg.

Natürlich müssen alltägliche Dinge erledigt werden, muss das getan werden, was getan werden muss. Es ist oft auch ein Vorteil, dass es einen alltäglichen Ablauf gibt und wir nicht jeden Tag das Rad neu erfinden müssen. Ein alltäglicher Rhythmus gibt Struktur und Halt. Auch das kann entlasten.

Schwierig wird es für mich, wenn Menschen in eine innere Haltung von »es ist halt so«, »da kann man nichts machen« kommen. Wenn das innere Feuer, die innere Begeisterung für das Leben, für den eigenen Weg erloschen ist; wenn das Leben nicht mehr als spannend empfunden wird, sondern es routiniert abgesessen wird, bis es dann eines Tages – vielleicht sogar Gott sei Dank – vorbei ist. Wenn Ehepaare nebeneinander her leben und sich nichts mehr zu sagen haben; wenn ein Priester routiniert seine Gottesdienste feiert, man aber zugleich spürt, er ist nicht wirklich mit seiner Seele dabei. Wie kommt es zu einer solchen inneren Haltung? Wie kann es passieren, dass Menschen resignieren?

Vielleicht ist es genau das, was in der Überschrift steht: in den Alltagsgeschäften versunken zu sein. Wenn etwas versinkt, ist es eigentlich dabei, unterzugehen. Wer sich also so von seinen Alltagsgeschäften hinunterziehen lässt und darin versinkt, der wird wohl auch den Stern nicht mehr sehen, dem er einmal gefolgt ist, der ihn gerufen hat, ihm in seinem Herzen aufgegangen ist und am Horizont seines Lebens stand.

Was bewahrt den Menschen vor einer solchen Resignation, einer depressiven Grundstimmung im Alltag, einem Hinabsinken? Vor einigen Jahren bekam ich einen Text von der kanadischen Schriftstellerin Oriah Mountain Dreamer geschenkt. Sie schreibt darin, dass sie von einem anderen Menschen nicht wissen will, was er alles gelernt hat in seinem Leben, welches Wissen er sich angeeignet hat. Ihr ist es wichtig, stattdessen die Träume des anderen zu kennen und im Letzten das, was ihn von innen hält. Ob all das Schmerzvolle im Leben ihn hat hart werden lassen oder ihn geöffnet hat, und ob er sein Leben aus Gottes Gegenwart speisen kann. Und ob er nach einer Nacht der Trauer und Verzweiflung am anderen Morgen aufstehen und tun kann, was für die Kinder getan werden muss. Sie will wissen, wer der andere von tief innen her ist. Und ob er von innen her tun kann, was getan werden muss.

Immer, wenn ich diesen Text lese oder er mir wieder einmal in die Hände fällt, berührt er mich sehr, weil er für mich eine solche Tiefe und Wahrheit besitzt. Weil er von einem Menschen spricht, der das Leben bis in die letzte Zehenspitze hinein mit Tanz und Ekstase lebt, sich der Gegenwart Gottes bewusst ist, von innen gehalten ist und dann doch das ganz Alltägliche tut – genau aus diesen Quellen heraus.

Für mich leuchtet hier ein größerer Sinnzusammenhang auf. Zum einen ist von den Kindern die Rede und davon, dass man das tun kann, was für sie getan werden muss – auch wenn die Nacht voller Verzweiflung oder Trauer war. Und dann die Frage, ob sich denn das je eigene Leben aus der Gegenwart Gottes speist. Das ist das, was mich von innen hält, was mir Anker und Aufrichtung ist: Gottes Gegenwart. Zudem: dass ich Verantwortung trage für andere – dass mein Leben nicht nur um mich selbst kreist, sondern ich auch gerufen bin, für andere da zu sein, zu sorgen – sei es als Ehepartner, Kind, Freund oder Bekannter.

Gottes Gegenwart ereignet sich eben nicht nur im »Frommen«, im Gebet, in der Meditation, in die ich mich hineinlasse, sondern auch in mir, in meiner Lebenskraft, in meiner Hoffnung und Zuversicht. Und ebenso darin, dass ich tue, was für andere zu tun ist. Auch da kommt Gott mir entgegen – im Menschen, der jetzt meine Aufmerksamkeit, Hilfe und Liebe braucht. Ich glaube, es ist die Perspektive, aus der ich das Leben betrachte. Lasse ich mich nach unten ziehen oder durch-blicke ich den Alltag und verbinde ich mich mit dem Stern am Horizont meines Herzens, mit dem Traum, den ich einmal hatte, mit der Begeisterung, der Freude, die ich einmal gespürt habe.

Die Weisen – so glaube ich – haben nie aufgehört, auf den Stern zu blicken, wenn auch ihr Weg zur Krippe manchmal sehr alltäglich und monoton war. Insofern sind sie tatsächlich und im übertragenen Sinn durch die Wüste gezogen.

Bis sie am Ziel waren und sich ihre Sehnsucht erfüllt hatte, sind sie weitergegangen und wussten mitten in ihrem alltäglichen Tun um das große Ziel. Die freudige Erwartung dessen, was sie finden werden, die Spannung und Hoffnung, den König zu finden, immer mehr dem Ziel ihrer Sehnsucht entgegen zu gehen, wird sie immer wieder aus dieser Monotonie herausgerissen haben.

Impuls

- Gönne dir heute ein kleines Highlight, das dich aus deiner täglichen Routine löst! (Für mich sind das zum Beispiel nach dem Mittagessen ein Espresso und ein Stück Schokolade und die 20 Minuten, in denen ich in einem Buch weiterlese, das mich fesselt.)
- Welche Aufgaben in deinen Leben sind alltäglich, und erscheinen dir monoton? Kannst du diese in einem größeren Sinnzusammenhang sehen?
- Was hält dich tief von innen? Welcher Traum, welches Ziel?
- Was versetzt dich in Ekstase und lässt dich im übertragenen wie im wörtlichen Sinn tanzen – auch mitten im Alltag?

11. Dezember

… wenn sie mitleidig oder ärgerlich diese Reisenden vorüberziehen sehen

Es war eine der Geschichten, wie sie ein Pilgerweg schreibt: In einer französischen Bar trank ich einen Kaffee. Ein Einheimischer nahm meinen Rucksack und meinen Pilgerstab wahr und sprach mich an. Er fragte mich, woher ich komme und wohin ich unterwegs sei. Ich war überrascht, dass er, als ich ihm mein Ziel nannte, noch nie von Santiago de Compostela gehört hatte und ich ihm erst erklären musste, dass diese Stadt am westlichen Ende Spaniens liegt und ich noch einige hundert Kilometer bis dahin zu gehen hätte.

Staunend sah er mich und fragte mich, ob ich allen Ernstes diesen Weg zu Fuß gehen wolle. Als ich ihm antwortete, dass dies mein Vorhaben sei, sagte er achselzuckend: »It's your life!« (»Es ist dein Leben!«). Der Unterton in seiner Stimme hieß für mich übersetzt: »Wenn du meinst, damit deine Zeit verschwenden zu müssen, dann bitte – ich kann mir Sinnvolleres vorstellen.« Ich dagegen konnte das nicht.

Es war Herbst, es herrschten frühlingshafte Temperaturen und ich war mittendrin im größten Abenteuer meines bisherigen Lebens. Ein solcher Kommentar hätte mich durchaus runterziehen können. Für mich als Niederrheiner gilt dann jedoch der Satz: »Ich kann mich ärgern, muss ich aber nicht.« Es war für mich eher die Herausforderung, zu meiner Entscheidung und zu mir zu stehen und weiterzugehen. Egal, wie die anderen reagierten. Dazu war der Ruf zu eindeutig – auch wenn man mich belächelte oder das ganze Unternehmen als sinnlos erachtete.

Ich habe lange überlegt, was der Franzose wohl nach unserer Begegnung gedacht hat. Vielleicht kam er über sein eigenes Leben ins Grübeln, das ihn täglich in diese Bar führt, und er hat sich überlegt, ob er das tatsächlich die nächsten Jahre so weitermachen möchte. Vielleicht war er auch ärgerlich auf mich, weil er jeden Tag seine harte Arbeit verrichtet und ich mir einfach die Freiheit nehme, »unproduktiv« durch die Gegend zu laufen. Vielleicht spürte er aber doch auch, dass es in ihm eine Sehnsucht gibt, aus dem Alltag herauszugehen, einen anderen Akzent zu setzen und einen Aufbruch zu wagen?

Ärgern andere Menschen sich über mich, dann hat es oft viel mehr mit ihnen zu tun als mit mir. Ärger ist dann der Ausdruck einer verborgenen, nicht gelebten Sehnsucht, die durch das, was ich vorlebe, in ihnen angesprochen wird. Statt sie zuzulassen, anzuschauen, zu fragen, was denn da im eigenen Leben noch gelebt werden möchte, geht mein Gegenüber in die Abwehr der Sehnsucht und in den Ärger über mich und belässt das Problem bei mir. Denn das Zulassen dessen, was hinter dem Ärger steckt, würde das eigene Leben in Frage stellen, und das ist oft schmerzhaft.

Andererseits gibt es aber auch Menschen, die aus Prinzip anders sind und von vornherein dagegen. Ihnen geht es nur darum, sich zu unterscheiden, besonders zu sein, sich von der Masse abzuheben. Das Anderssein ist Selbstzweck und nicht gespeist aus dem Herzen, aus der Sehnsucht, die mich in Distanz zu dem bringt, wie die anderen leben, zu denen, die so »dumm« in ihrem Alltag versunken sind. Daher ist es auch für mich wichtig, immer wieder zu überprüfen: Was ist meine Motivation, anders zu sein, andere Wege zu gehen als die Anderen? Will ich Ärger um des Ärgers willen? Ist mein Weg genau deshalb schon zum Holzweg geworden ? Oder stimmt es, bin ich im Einklang mit der Sehnsucht meines Herzens?

Impuls

- ✫ Welcher Mensch ist dir ein Ärgernis? Was ärgert dich an ihm?
- ✫ Könnte dieser Mensch ein Hinweis auf eine nicht gelebte Sehnsucht sein, die auch in dir ist und leben möchte?
- ✫ Welche Entscheidungen in deinem Leben hast du getroffen und trägst du durch, weil der Entschluss feststeht, du spürst, dass es für dich das Richtige ist, selbst wenn du damit anderen ein Ärgernis bist?

12. Dezember

… auf der Reise der nutzlosen Verschwendung des Herzens

Der heilige Franz von Sales hat einmal gesagt: »Wenn dein Herz wandert oder leidet, bring es behutsam an seinen Platz zurück und versetze es in die Gegenwart Gottes. Und selbst dann, wenn du nichts getan hast in deinem Leben, außer dein Herz zurückzubringen und wieder in die Gegenwart Gottes zu versetzen – obwohl es jedes Mal wieder fortlief, wenn du es zurückgeholt hattest –, dann hat sich dein Leben wohl erfüllt.«

Heute praktizieren viele Menschen täglich eine Form von Meditation – ob Zen oder christlich Kontemplation genannt. Sie sitzen einige Zeit einfach auf einem Hocker, Kissen oder Stuhl und tun nichts anderes, als ihre Aufmerksamkeit immer wieder auf ihren Atem und damit die Wahrnehmung ihres Selbst zu lenken. Im Christlichen wird es oft mit einem Meditationswort verbunden, es richtet den Menschen auf die Gegenwart Gottes aus.

Wir Mönche von Münsterschwarzach verbringen drei Stunden am Tag in der Kirche, um, wie Benedikt sagt, »Gott nichts vorzuziehen« und uns seiner Gegenwart wieder neu bewusst zu werden. Natürlich kann man zurecht fragen: Wozu das? Was ist daran produktiv? Was könnte man in der Zeit nicht alles schaffen?

Der Herzensaufbruch hin zu Gott und dem göttlichen Leben in mir ist nicht mit den Preisen dieser Welt aufzuwiegen und nicht mit dem Verstand zu verstehen. Gott ist nicht in Stundenlohn und Marktwert zu messen, wie überhaupt die gesamte Botschaft Jesu, das Evangelium, sich nicht mit logisch-marktwirtschaftlichem Denken verstehen lässt. Der Kosten-Nutzen-Effekt ist keine Kategorie Gottes. Deshalb kann es als nutzlos erscheinen, sich im einfachen Da-Sein vor Gott zu verschwenden. Gleichzeitig machen viele die Erfahrung: Wer sich so ausrichtet, der ist wacher und konzentrierter, fokussierter. Ich kenne einen Mönch, der seit Jahrzehnten täglich Kontemplation übt und mich stets wach anschaut, wenn wir uns begegnen, und ganz bei mir ist, mir das Gefühl gibt: Jetzt, in diesem Augenblick, bin ich der wichtigste Mensch.

Kürzlich begleitete ich eine junge Frau, die von unserem monastischen Beten innerlich zutiefst berührt war. Der Einzug der Mönche, jeder Psalmvers, den wir sangen, alles, was in der Kirche während der Gebetszeiten geschah, sagte sie, sei schön. In allem strahle eine Schönheit durch, die nicht von uns komme. In gewissem Sinn ist auch unser Stundengebet am Tag nichts Produktives – und dennoch strahlt eine innere Schönheit auf, die berührt. Weil hier das Wesentliche unseres klösterlichen Lebens geschieht: Wir bringen unser Herz in die Gegenwart Gottes zurück, ich selbst binde meinen Stern wieder an den »Karren«, den ich Gott nenne und der im Wirrwarr des Alltags und des Geschäftigen so leicht aus dem Blick gerät. Das Entscheidende also geschieht im scheinbar Unproduktiven, im Nicht-Messbaren, im Nicht-Effizienten.

Genauso ist es überall dort auf dem Lebensweg, wo Menschen wesentlich werden. Da ist Liebe, die ich von Herzen den Menschen schenke, die mir in meinem Leben wichtig sind, oder auch denen, die mir im Alltag begegnen und meine Aufmerksamkeit brauchen. Liebe, die sich verschenkt, fragt nicht nach dem, was sie zurückbekommt, was es ihr »bringt«. Es ist das Wesen der Liebe in ihren verschiedensten Formen, dass sie sich schenkt. Meistens ist es so, wenn ich selbstlos mich schenke, bekomme ich viel zurück, vielleicht noch mehr, als ich gegeben habe.

Liebe, die ich dem Partner und der Familie gegenüber schenke, Zeit und Aufmerksamkeit für andere, mein Mitgefühl für andere – all das fragt nicht nach Effizienz oder messbarem Erfolg. Gleiches gilt, wenn ich einfach nur im Augenblick da bin, ohne an Produktivität oder daran zu denken, was ich gerade verdiene oder was die Zeit kostet, die ich jetzt von Herzen ohne schlechtes Gewissen nur meinem puren Dasein schenke.

Impuls

- Nimm dir heute Zeit, »nutzlos« da zu sein, Zeit zu »verschwenden«, unproduktiv zu sein und nur dein Herz zu spüren!

13. Dezember

Aber ihr Herz hält durch

Wenn Menschen auf schwierige Wegstrecken zurückschauen, dann sagen sie manchmal, dass sie gar nicht wissen, wie sie das geschafft haben, woher sie die Kraft dazu genommen haben. Aber irgendwie ist es dann doch gegangen. Ich staune beispielsweise immer, wenn ich mit jemandem spreche, der lange verheiratet ist, und ich ihn frage, ob es eine Art »Rezept« gibt für eine lange glückliche Ehe. Einer sagte mir einmal nach 25 Jahren: »Ich habe gelernt, meine Frau so zu nehmen, wie sie ist. Und wenn ich mal wieder gar nicht verstehe, was in ihr gerade vorgeht – ich halte sie, und ich halte es mit ihr aus.« Weiter hat er mir erzählt, dass sie morgens miteinander als erstes einen sogenannten Guck-Kaffee trinken: Sie sitzen am Küchentisch, schauen in die Natur, trinken ihren Kaffee und genießen, dass der andere da ist und ihn einfach wahrnimmt: den Menschen, in den sich der andere verliebt hat und zu dem die Liebe gewachsen ist.

Durchschnittlich sind deutsche Paare fünf Minuten täglich miteinander im Austausch. Das ist ganz schön wenig Zeit. Und wahrscheinlich geht es dann auch noch um Alltägliches, um Familienmanagement, wer wen wohin fährt und so weiter. Wer sich aber die Kunst bewahrt – so wie das oben erwähnte Paar –, regelmäßig tiefer zu schauen, das göttliche Geheimnis des anderen zu erspüren, der wird sich nicht so schnell im Alltäglichen und in der Routine verlieren.

Gleiches gilt für den Weg des Herzens: Es ist wichtig, immer wieder tiefer zu schauen, den Blick auf das zu richten, was Motivation schenkt zum Weitergehen, was das Herz durchhalten lässt auf dem Weg der Sehnsucht. Zum Beispiel, in stillen Momenten die Verbundenheit mit seinem eigenen Herzen zu spüren, die Verbundenheit mit der Sehnsucht, die mich hat aufbrechen lassen, auch wenn ich mein Herz wieder einmal überhaupt nicht verstehe, Gottes Wege nicht verstehe, sich nichts mit meinem Verstand erklärt. Dann muss ich genau das einfach aushalten, spüren und weitergehen.

Das gilt erst recht, wenn ich gar nichts spüre und wahrnehme. Es gibt Trockenzeiten, dunkle Nächte, Täler, Krisen, Zweifel auf Lebenswegen, in Ehen, auf dem geistlichen Weg. Ein alter spiritueller Ratschlag ist, in solchen Zeiten keine wichtigen Entscheidungen zu treffen und einfach auf dem eingeschlagenen Weg zu bleiben. Dahinter steht wohl die Erfahrung, dass in Krisensituationen manche Entscheidung zu schnell getroffen wird, unreflektiert, aus dem Gefühl der Verzweiflung oder Enttäuschung heraus. Später bereut man eine solche Entscheidung vielleicht.

Hinzu kommt, dass sich viele heute schwertun, einmal getroffene Entscheidungen durchzutragen und auszuhalten. Das hat wohl mit der Schnelllebigkeit unserer Zeit zu tun, aber auch mit den Möglichkeiten, die oft kaum mehr überschaubar sind. Zudem wird in den Medien häufig das Bild des perfekten Glücks entworfen, das leicht zu haben ist – wenn man sich diesen oder jenen Wagen kauft, diese oder jene Wohnung besitzt, sich nach diesen Regeln ernährt oder jenen. Wenn sich dann das Glück nicht einstellt oder man sich nicht jeden Tag wirklich glücklich fühlt, ist man schnell frustriert und glaubt, es wäre unumgänglich, einen neuen Lebensweg einzuschlagen.

Andere Menschen wiederum spüren, dass eigentlich eine Veränderung ansteht, dass sie endlich einen Schlussstrich unter ihr bisheriges Leben ziehen müssten, damit sie eine Chance haben, glücklich zu werden – und verharren dennoch in diesem Leben, das sie nicht erfüllt, das sie vielleicht sogar an ihrem persönlichen Wachstum und ihrer Persönlichkeitsentfaltung hindert. Sie schaffen es nicht, sich aus ihrem »Lebensgefängnis« zu befreien, weil sie Angst vor der Veränderung haben. Das eigentlich nicht mehr Lebbare ist ihnen dagegen vertraut, sie sind daran gewöhnt und, so paradox es klingt, das gibt ihnen ein Gefühl der Sicherheit. Das Neue dagegen ist unbekannt, unerprobt, sie wissen nicht, »wie es geht«, was sie erwartet, und deshalb verharren sie in alten Strukturen.

Wann also gilt es durchzuhalten, weiterzugehen, und wann ist es Zeit, Änderungen vorzunehmen und Neues zu wagen? Der Orientierungspunkt ist, wie für die drei Könige auch, der Stern, mein Lebensstern: der Zielpunkt meiner Sehnsucht, meiner Lebendigkeit, der Zielpunkt dessen, was meinem Leben Licht und Zuversicht gibt. Entscheidend ist, sich immer wieder zu fragen: Was führt mich zu meinem Stern, zur Erfüllung meiner Sehnsucht?

Impuls

- Warum hast du Entscheidungen, die deinen Lebensweg bis heute geprägt haben, durchgetragen? Warum hast du dich bei anderen entschieden, einen neuen Weg zu gehen?
- Was oder wer hat dir in Krisen geholfen?
- Gab es Situationen, bei denen du im Nachhinein froh bist, nicht zu früh aufgegeben zu haben?

14. Dezember

Und wie sie endlich ankommen und niederknien

Ich erinnere mich an den Tag meiner Ankunft in Santiago de Compostela. Kurz zuvor hatte das nahe Ziel nochmal alle meine Kräfte mobilisiert. An einem Tag legte ich 42 Kilometer zurück. Jetzt wollte ich ankommen. Und dann lag die letzte Wegetappe vor mir. Hatte ich vorher einige Tagesmärsche mit anderen Pilgern zurückgelegt, wollte ich jetzt unbedingt alleine gehen. Ich stand früh auf und wanderte im Dunklen los entlang einer Straße, dann immer deutlicher auf die Stadt und die große Kathedrale zu. Gemischte Gefühle bewegten mich. Endlich werde ich ankommen, dachte ich, nach 93 Tagen und dem Ringen zuvor, ob ich den Weg wagen soll. Ich spürte, wie Erleichterung und Freude sich ankündigten. Aber auch die Frage: Was wird dann sein? Was ist morgen? Wenn ich nicht mehr jeden Morgen aufstehe, meinen Rucksack packe und die nächste Etappe unter meine Füße nehme? Was ist dann der Sinn der nächsten Wegetappe? Wofür lohnt es sich morgens aufzustehen?

Dann zunächst ein enttäuschender Moment: Der Pilgerweg führt den Wanderer von der Seite an die

Kathedrale heran. Ich hatte erwartet, ich komme auf einen großen Platz und sehe die Kirche erhaben vor mir. Jetzt lag sie zu meiner Linken und ich musste einmal um die Ecke gehen, um auf dem Platz zu stehen und sie vor mir zu sehen. Es war früher Morgen und es waren kaum Menschen auf dem Platz. Es zog mich zum Grab des Apostels. Aber darin wurde ich gebremst: Es war heiliges Jahr. Ich wurde also zunächst zur Heiligen Pforte geschickt und von dort aus zur Statue des Jakobus über dem Hochaltar. Man hielt mich an, diese zu umarmen und zu küssen. Also gut. Dann aber stieg ich hinab und war in den Morgenstunden allein in der Krypta.

Ich kniete nieder in einem kleinen Raum, in dem hinter einem Gitter der Sarkophag des Heiligen steht. Momente ohne Worte, voller Dankbarkeit. Tränen, Erleichterung und Freude breiteten sich in mir aus. Das Ziel, das ich mir gesetzt hatte, war erreicht. Wie viele werden hier schon gekniet und ihre Bitten vorgebracht haben? Wie viele ihren Dank für den zurückgelegten Weg und die wertvollen Erfahrungen, die sie machen durften?

Wie wird es wohl den drei Weisen ergangen sein als sie ankamen – nach dem langen Weg? Als sie endlich niederknien und ihre Gaben bringen durften? Was hatten sie erwartet, als sie aufbrachen, und wen hatten sie jetzt gefunden?

Der Stern sprach ihnen von einem neuen König, der in die Welt kommen soll – aber hatten sie wirklich mit einem neugeborenen Kind gerechnet? Mit einem Stall, in dem Ochs und Esel stehen, in dem es nicht blitzblank ist? Ist das die Unterkunft für einen König?

Und trotzdem knien sie nieder und legen ihre Gaben dem Kind zu Füßen – ihre Geschenke, die sie den ganzen Weg mitgetragen haben, um den neuen König zu ehren. Sie verlassen sich auf den Stern, der sie geführt hat und der jetzt über diesem Stall auf dem Feld stehen geblieben ist. Sie verlassen sich darauf, dass sie hier finden, was sie gesucht haben; dass hier ihre Sehnsucht Erfüllung findet.

Gleichzeitig mag in ihnen die Frage aufgekommen sein, wie es jetzt weitergeht. Was sie nun tun sollten, welchem Stern sie jetzt folgen sollten? Was passiert, wenn man angekommen ist, wenn ein Ziel erreicht ist?

Für mich überwog bei der Ankunft die Freude und Dankbarkeit, und ich spürte das Vertrauen, dass sich die nächsten Schritte und Wege finden werden. Ich war mir sicher, dass ich den Mut und das Vertrauen haben würde, neu aufzubrechen und in die Richtung zu gehen, die der Stern am Horizont meines Herzens mir dann zeigen wird. Jetzt war Durchatmen wichtig. Alle Anspannung fiel von mir ab und ich war von dem Gefühl durchdrungen: Ich bin an das

Ziel eines für mich entscheidenden Weges gekommen. Deshalb blieb ich auch einige Tage in Santiago de Compostela. Ich musste innerlich ankommen, begreifen lernen, dass ich wirklich das Ziel erreicht hatte. Ich wusste nicht, was kommen würde; aber ich wollte es auskosten, am Ort meiner Sehnsucht zu sein, ohne schon wissen zu müssen, was die nächsten Schritte sein würden.

Vielleicht sind auch die Weisen eine Weile geblieben, um innerlich anzukommen und mit dem Herzen zu verstehen, was an der Krippe mit ihnen geschieht.

Impuls

- ✫ Ankommen. Ein Ziel erreichen. Dankbarkeit spüren und Freude – erinnere dich, wann du das schon einmal erlebt hast, innerlich oder äußerlich, wann du alles gegeben hast, um dieses eine Ziel zu erreichen.
- ✫ Hat das Erreichen des Zieles in dir auch noch andere Gefühle ausgelöst?
- ✫ Ist es dir schon einmal passiert, dass das Ziel am Ende ganz anders aussah, ganz andere Gefühle in dir auslöste, als du es dir gedacht oder als du erwartet hattest?

15. Dezember

... tun sie nur, was sie eigentlich immer taten, was sie auf der Suche und Reise schon taten

Am Ende, am Ziel nichts anderes tun als das, was man immer schon getan hat – das erinnert mich an die Grundlage unseres klösterlichen Lebens. Auch das kann und darf als eine lange Reise verstanden werden – eine lange Lebensreise, die mit dem Eintritt in das Kloster beginnt. In seiner Regel sagt Benedikt, dass ein Mönch einer ist, der zutiefst aus der Hoffnung auf die Auferstehung lebt, also ein froher, hoffnungsvoller und zuversichtlicher Mensch. Das Aufstehen am Morgen, das Beten und damit die Hinwendung zu Gott, das Feiern des Gottesdienstes und die Feier von Tod und Auferstehung Christi, sie versichern den Mönch in dieser Hoffnung und in der Überzeugung, dass jeder Tag davon geprägt sein soll: von der Freude und Hoffnung. Weil Gott das Leben will. Am Ende der Reise wird geschehen, was der Mönch immer schon eingeübt hat: Auferstehung, Freude, Zuversicht, Leben.

Das Ziel prägt den Weg, gibt ihm seine Spannkraft und Entschiedenheit. Selbst wenn es noch nicht benannt werden kann, prägte das innere Wissen, dass man am Ziel Wichtiges gelernt und entdeckt haben wird, den Weg. Die eigene Infragestellung und das Verlieren der Selbstsicherheit am Beginn des Weges machen es erst möglich, dass etwas Neues aufbrechen kann.

Der, der aufbricht, nimmt eine neue, innere Haltung an. Er ist bereit, geschehen zu lassen. Er hält sich dem Leben hin und dem Wandlungsprozess, der jetzt von innen heraus geschehen will. Er gerät nicht in Panik darüber, dass er sich infrage gestellt sieht, dass er seine Selbstsicherheit verloren hat. Er begreift und ergreift die Chance, die jetzt vor ihm liegt, und lässt geschehen. Er folgt dem Herzens-Ruf.

Im Gehen und Unterwegssein geschieht im Inneren die Wandlung, die jetzt in den Alltag integriert werden muss. Er wird dem Herzensruf weiterhin folgen und die Chance ergreifen, die dann vor ihm liegt: Als Verwandelter seinen Alltag neu zu strukturieren, zu gestalten und die Wandlung zu leben.

Doch: »Der Mensch ist ein Gewohnheitstier.« Wir halten uns gern an Gewohntem fest und geben ungern Traditionen und Gewohntes auf, selbst wenn es lebenshinderlich ist. Mit dieser Integration des Neuen in den eigenen Alltag liegt dann sozusagen ein neuer Pilgerweg vor uns, eine neue Aufgabe und Herausforderung, der wir uns stellen müssen. Wir werden mit den Ansprüchen und Erwartungen anderer konfrontiert werden, mit Sätzen wie »So kennen wir dich doch gar nicht«, »Du bist gar nicht mehr der Alte!«, »Was ist denn los?«. So wird das Ziel wieder zum Anfang – geschieht hier, was am Beginn geschah, unterwegs geschah: Der Aufbruch und die Offenheit für die anstehenden und notwendigen Änderungen, die Bereitschaft, Leben neu zu konzipieren und zu entwerfen. Oder anders gesagt: immer wieder anfangen, der innersten Sehnsucht folgen und dem, worauf sie mich verweist. Dabei kann uns helfen, den Blick wiederum auf unseren Stern zu richten und uns selbst zu fragen: Ist der Stern noch über mir, ist er noch da – auch im Alltag? Sehe ich ihn noch oder sind wir in unterschiedliche Richtungen gelaufen? Ist eine Kurskorrektur notwendig?

Die Wandlungen in unserem Leben müssen auch nicht immer als große, spektakuläre Ereignisse sichtbar sein, die bahnbrechende Umwälzungen nach sich ziehen. Es können kleine Veränderungen sein, wie zum Beispiel zu einer anderen Einsicht oder Ansicht zu gelangen, einen Fehler einsehen und zugeben und der Wille, an diesem Fehler zu arbeiten.

Dieses stete Neuaufbrechen wird uns durch unser Leben begleiten, es hält das Leben wach und spannend. Bis zum Tod sind wir nicht fertig. Denken wir beispielsweise an Mose oder Abraham, die beide in hohem Alter noch zu neuen Aufgaben gerufen wurden.

Ich erschrecke oft, wenn ich älteren Menschen begegne und das Gefühl habe, sie warten eigentlich nur noch auf den Tod. Es mag einen Punkt im Leben geben, ab dem es richtig und gut ist zu sagen: Jetzt stelle ich mich darauf ein, heimzugehen. Grundsätzlich geht aber unser Wandlungsweg immer weiter. Ich denke an meine Patentante, die vor einigen Jahren im Alter von 93 Jahren gestorben ist. Im Grunde bis zu ihrem Tod war sie voller Lebensfreude und Tatendrang. Jeden Tag erlebte sie als Geschenk Gottes, genoss ihn zusammen mit ihrer Familie und freute sich, dass Gott ihr das schenkte, was sie in ihrem Leben hatte. Als klar war, dass es zu Ende geht, verbat sie sich jegliche lebensverlängernde Maßnahme mit den Worten: »Ich habe ein erfülltes Leben gehabt. Jetzt ist es gut. Jetzt möchte ich in den Himmel gehen, zum lieben Gott.«

Das Herz offen zu halten für die Wandlungen, das ist es wohl, was auch die Weisen geübt haben – unterwegs, an der Krippe, auf ihrer Rückkehr, in ihrem Alltag.

Impuls

- In welchen Gewohnheiten steckst du fest – im Wissen, dass sie dir eigentlich nicht guttun?
- Was machst du in deinem Leben, weil du es immer schon so gemacht hast?
- Für welches Ziel lebst du gerade (heute) und was gibt dir Spannkraft für diesen Tag?

16. Dezember

Sie bringen das Gold ihrer Liebe

Gold ist einer der wertvollsten Stoffe, die es gibt. Nicht selten haben Staaten ein Teil ihres Vermögens in Goldreserven angelegt. Es übt schon seit Jahrtausenden eine eigenartige Faszination auf Menschen aus. Mir ist in den letzten Jahren das Wort vom »inneren Gold« wertvoll geworden. Wunibald Müller, der ehemalige Leiter unseres Recollectio-Hauses in Münsterschwarzach, hat immer davon gesprochen. Die Menschen, die für eine Auszeit hierherkamen, waren eingeladen, ihr »inneres Gold« neu zu entdecken, ihren eigenen inneren Glanz und damit das, was aus ihnen heraus strahlen will.

Ein Grundbedürfnis des Menschen ist die Liebe. Jeder sehnt sich danach und trägt in sich einen Hunger, geliebt zu werden, bejaht zu werden und Liebe zu schenken. Sie ist die Antriebsfeder, dass Menschen aufeinander zugehen, sich begegnen, miteinander in Kontakt kommen. Und sie kann vielfältige Formen haben: die Liebe zu einem Partner, die Liebe zur Familie, zu Freunden, zu Hobbies, zur Natur, zum Leben überhaupt. Jeder macht diese Liebe auf seine Weise nach außen sichtbar, durch seine Möglichkeiten, Begabungen und Talente, durch sein »inneres Gold«.

Als die drei Weisen an der Krippe ankommen, bringen sie Jesus Gold dar. Im Text von Karl Rahner heißt es: »das Gold ihrer Liebe«. Es ist ein Symbol für das, was aus ihnen heraus strahlen will.

Zum Wesen der Liebe gehört es, dass sie sich schenkt und hingibt, dass sie den einzelnen Menschen überschreitet, ohne nach Zeit, Geld, Dank, Lohn zu fragen. Wie viel Entbehrungen, wie viel Weg haben die Weisen auf sich genommen, um am Ende diese Liebe zu schenken? Und war nicht der Weg selbst schon Ausdruck dieser Zuneigung und Liebe zu ihrem Sehnsuchtsziel?

Am Ende ihres Weges sind sie fähig, vor diesem König niederzuknien, sich zu beugen, Respekt und Liebe zu bezeugen. Sie beugen sich vor der Erfüllung ihrer Sehnsucht, die sie nun gefunden haben. Niederzuknien, wie die Könige es tun, ist etwas anderes, als sich kleinzumachen, zu buckeln und sich selbst abzuwerten. Es ist ein Niederknien in Liebe, so wie man sich zu einem kleinen Kind niederkniet, um mit ihm auf Augenhöhe zu sein und nicht von oben auf es herab zu schauen. Es liegt darin auch die Hingabe, zu der Liebe fähig ist: vor dem anderen auf die Knie zu gehen, ohne sich darum zu scheren, was andere über einen denken, ob sie diese Geste albern oder überzogen finden werden.

In unserem Sprachgebrauch findet sich die Wendung: »zum Niederknien schön«. Wenn etwas unser Herz wirklich berührt, etwas in uns anrührt, Liebe zum Fließen bringt, löst es in uns den Impuls aus, sich hinzuknien und damit unser Ergriffensein und unsere Hingabe auszudrücken. So mögen die Könige vor dem Kind in der Krippe empfunden haben.

Impuls

- ✫ Wem oder was erweist du Respekt? Warum? Leuchtet hier etwas von deinem Ziel auf, zu dem du unterwegs bist?

- ✫ Ist dir schon einmal der Impuls begegnet, dass du etwas »zum Niederknien« fandest? Wie hat sich das angefühlt?

- ✫ Was ist dein »inneres Gold«, das »Gold deiner Liebe«? Was möchte aus dir heraus strahlen?

17. Dezember

... den Weihrauch ihrer Ehrfurcht

Heute wird Weihrauch in der Kirche zur Verehrung Gottes verwendet. In der katholischen Kirche nutzt man dazu sogenannte Weihrauchfässer: Auf ein glühendes Stück Kohle werden einige Körner des Baumharzes gelegt, die dann anfangen zu rauchen und ihren Duft zu entfalten. Und so, wie der angenehme Duft einen Raum erfüllt, soll Gott selbst die Lebensräume des Menschen füllen und soll ihnen seine heilende Kraft zuteil werden. Mit dem Weihrauch steigt aber auch das Gebet des Menschen zu Gott auf.

Auch heute erlebe ich noch, dass in Gottesdiensten Bitten laut ausgesprochen werden, während man die Weihrauchkörner auf die glühende Kohle legt. Von Gott haben Menschen immer schon ihr Heil erwartet. Sie haben ihn mit Weihrauch verehrt und ihm so ihre Ehrfurcht erwiesen.

Ehrfurcht ist ein altes, vielleicht sogar fremdes Wort. Es meint nicht wirklich Furcht im Sinn von Angst, eher Verehrung und Respekt, so wie ich dies einem alten Menschen und seinem langen Leben entgegenbringe. Es gibt auch Menschen, die eine natürliche Würde und Autorität ausstrahlen. Wenn sie einen Raum betreten, spürt man ihnen diese »Aura«

an und man bringt ihnen automatisch Respekt und Ehrfurcht entgegen.

Am Ziel ihrer Reise bringen die Weisen nun dem Gottessohn diesen Weihrauch dar. Aber ihr ganzer Weg war schon Ausdruck dieser Hinwendung zu ihm, Ausdruck ihrer Sehnsucht nach dem Kind und nach dem, was es verkörpert. Die Weisen haben nie aufgehört, darauf zu vertrauen, dass sie in ihm und hier an der Krippe das Ziel ihrer Sehnsucht finden werden. Mit dem Weihrauch bringen sie ihre Ehrfurcht und ihren Respekt gegenüber diesem göttlichen Kind zum Ausdruck. In ihm sehen und erkennen sie den Sohn Gottes, der eine göttliche Würde hat.

Als von Gott geschaffen, kommt der ganzen Schöpfung, allem Lebendigen eine unverlierbare Würde zu. Jeder Mensch hat als Abbild Gottes diese Würde – egal, ob er mein Partner ist, ein kleines Kind, mein Nachbar oder ein mir Fremder. Diese Würde bleibt ihm daher auch, egal, was er tut. Papst Franziskus hat erst kürzlich darauf hingewiesen, dass auch noch schwerste Verbrecher die Chance haben müssten, wieder eingegliedert zu werden und ein neues Leben zu beginnen – eben weil sie eine Würde haben, die unabhängig davon ist, was aus ihnen in ihrem Leben geworden ist. Eine neue Chance im Leben ist Ausdruck dieser Würde. Und das ist auch der tiefere Sinn von Ehrfurcht: Ich spreche dem anderen seine Würde zu, erkenne sie an, so, wie ich das umgekehrt auch von diesem Menschen mir gegenüber erwarten würde. Ich halte es für ein unschätzbares Gut, dass wir in Deutschland genau das im Grundgesetz verankert haben.

Auch mir selbst darf ich ehrfürchtig begegnen. Das heißt: mir selbst gegenüber Respekt entgegenbringen für mein Leben, wie es bisher geworden ist, wie es jetzt gerade ist und wie es sein wird – ganz unabhängig davon, wie andere das beurteilen, ganz unabhängig davon, ob ich mit meinem Leben gerade so zufrieden bin, wie es ist, oder nicht.

Impuls

- ✫ Nimm dir Zeit und begegne dir selbst einmal ehrfürchtig: Betrachte dich im Spiegel und nimm dich wahr als Ebenbild Gottes.

- ✫ Versuche einmal in den nächsten Tagen, einem Menschen, mit dem du so deine Schwierigkeiten hast, mit dieser Ehrfurcht zu begegnen – ändert das bei dir etwas in der Einstellung zu ihm?

- ✫ Wenn vorhanden, entzünde einige Weihrauchkörner und lass alles, was dich bewegt, aufsteigen zu Gott. Du kannst auch einfach eine Kerze oder ein Räucherstäbchen entzünden und mit dem Rauch deine Bitten und deinen Dank an Gott verbinden.

18. Dezember

… die Myrrhe ihrer Schmerzen

Myrrhe ist ein bitteres Heilkraut. Im Judentum wurde es als solches eingesetzt, gleichzeitig wurde es aber auch verwendet zur Einbalsamierung von Leichen.

Die drei Weisen bringen – so heißt es im Text – die Myrrhe ihrer Schmerzen. Darin klingt an, dass sie darauf vertrauen, dass ihre Schmerzen geheilt werden. Die Darbringung der Myrrhe kann zum einen darauf hindeuten, dass dieser neu geborene König ein Heiler sein wird; einer, der versteht, die körperlichen, aber auch die seelischen Wunden, die wir auf unserem Lebensweg erleiden, zu heilen. Gleichzeitig kann es aber auch verstanden werden als Symbol und Hinweis für seinen gewaltsamen Tod und dass er auch darin noch heil bleiben wird, weil Gott ihn hindurchträgt.

Myrrhe verweist also im Letzten auf die heilende Kraft Gottes, die in seiner Schöpfung präsent ist, in Jesus, seinem Sohn, aber auch in allen, die Menschen heilend zur Seite stehen. Wenn wir aufbrechen, erleben wir unterwegs Schmerz, zunächst und vor allem physischen Schmerz. Wer über mehrere Tage, Wochen, Monate hinweg jeden Tag geht, wird von Blasen, Erkältung, Erschöpfung und vielem anderen nicht verschont bleiben. Auf meinem Weg nach Santiago war es eine Knieentzündung, wegen der ich mehrere Tage pausieren musste. Voller Ungeduld saß ich in meiner Unterkunft und konnte es kaum erwarten, wieder neu aufzubrechen. Der Pilgerweg und das tägliche Unterwegssein waren mir so in Fleisch und Blut übergegangen, dass ich daran nicht nur körperlich, sondern auch seelisch litt. Und wie gut tat es, als ich spürte: Es geht wieder, ich kann wieder los. Die Ruhe hatte mir gut getan und das Knie heil werden lassen.

Die Frage, die sich aus dem oben zitierten Text für mich ergibt, ist: Was heilt mich auf meinem Weg, was tut mir gut? Was brauche ich, um an Leib und Seele gesund zu werden? Was ist meine »Myrrhe der Schmerzen«?

Manchen Menschen fällt es sehr schwer zu formulieren, was ihnen guttut, was sie brauchen, damit sie sich wohlfühlen. Das ist eine Überlegung, die sie so nicht gelernt haben, anzustellen. Sie haben von Kind auf beigebracht bekommen, dass sie geliebt sind, wenn sie etwas leisten, wenn sie etwas schaffen. Liebe und Aufmerksamkeit der Eltern und Verwandten hing von ihrer Leistung ab. Und damit ist Leistung das Einzige, was guttut, weil sie dafür Liebe und Anerkennung bekommen haben – eben das, wonach sie sich sehnten. Für sie ist es oft ein langer Weg, zur »Myrrhe ihrer Schmerzen« zu gelangen und herauszufinden, was sie brauchen, um heil zu werden. Ein erster Schritt wäre tatsächlich herauszufinden, was meiner Seele, was meinem Körper guttut: Musik hören, schwimmen gehen, Zeit für ein Gespräch mit einem wichtigen Menschen, kochen, in der Hängematte liegen, baden …

Ein anderer Aspekt der Myrrhe verweist auf den Tod. Früher war das Wort von der *ars moriendi* geläufig: der »Kunst des Sterbens«. Gemeint ist damit, dass man sich in die Kunst des Sterbens einübt, also lernt, Dinge loszulassen, sich von Überflüssigem in meinem Leben zu verabschieden. Damit verbunden war auch das Bewusstsein, dass der Tod täglich eintreten kann, dass also niemand seine Sterbestunde kennt und es keine Garantie dafür gibt, dass wir morgen wieder einen neuen Tag erleben. Myrrhe verweist in diesem Zusammenhang auf die Lebenskunst im Alltag, das heißt: Wenn mein Leben heute zu Ende wäre, möchte ich sagen können: Es war gut. Ich habe mein Leben gelebt!«

Die Vorstellung, dass das Leben eigentlich jeden Moment vorbei sein könnte, klingt vielleicht erst einmal etwas seltsam und hat zunächst auch wenig mit Lebensfreude zu tun. Denkt man es zu Ende, dann ergibt sich aber daraus, dass jeder Lebenstag etwas sehr Kostbares, Einzigartiges ist, ein Geschenk, das so nicht wieder kommt. Zur Zeit Jesu war auch Myrrhe eine sehr kostbare und teure Substanz. Vielleicht kann sie uns ein Zeichen sein, mit unserem Leben achtsam umzugehen, es auszukosten, mit allen Sinnen zu leben und durch unsere Begabungen zum Leuchten zu bringen.

Impuls

- Was in deinem Leben ist unter Schmerzen geboren worden und gerade deshalb so wertvoll und wichtig?
- Wenn du wüsstest, dass du noch einen Tag zu leben hast, was würdest du unbedingt noch tun wollen? Wen würdest du um Verzeihung bitten, bei wem würdest du dich entschuldigen, wem würdest du Danke sagen oder wem gegenüber deine Liebe und Zuneigung ausdrücken?

19. Dezember

… vor das Antlitz des unsichtbaren-sichtbaren Gottes

Eine alte Frage, die immer wieder gestellt wird, ist: Wo und wie erkenne ich Gott? Woran spüre ich, dass er da ist? Gerade meine Schüler fragen mich das oft: Wenn in der Bibel von denen erzählt wird, die die Ankunft eines Kindes, das Gottes Sohn ist, vorausgesagt und erlebt haben – woher weiß ich, dass das nicht alles erfunden ist? Wann weiß ich, dass Gott da ist, dass ich wirklich ihn spüre, wo er sich doch angeblich gerade in den Armen, Kranken, Notleidenden verbirgt? Wo ist er der sichtbare Gott, den ich wahrnehmen und entdecken kann?

Die drei Weisen mögen es einfach gehabt haben. Sie führte der Stern, der über dem Stall anhielt. Da wussten sie, dass sie hier Gott finden werden. Aber auch sie mussten erst einmal in dem Stern etwas Größeres erkennen als nur ein zufälliges Naturschauspiel, das eben alle hundert Jahre am Himmelszelt erscheint.

Ich erinnere mich, wie überrascht ich war, als ich während meiner Zeit in Tansania das Hörbuch von Hape Kerkeling zu seinem Jakobsweg geschenkt bekam. Meine erste Reaktion: Das kann doch von diesem Komiker nichts Gescheites sein! Dann war ich aber positiv überrascht von der zunehmenden Ernsthaftigkeit, mit der er den Weg ging. Und an einem Tag passierte es ihm wohl, dass er plötzlich einfach wusste, als er mitten in der Natur unterwegs war: Gott ist da. Dieser Komiker wusste es einfach.

Ähnlich erging es einer Schülerin, mit deren Klasse ich für eine Woche in Taizé war. Sie war wirklich die Schwierigste ihrer Klassen, und hielt sich während der Fahrt an keine einzige Regel. Am letzten Abend saß sie weinend in der Kirche. Auf die Nachfrage des Kaplans, was denn los sei, antwortete sie nur: »Nichts. Nur: Ihn gibt es wirklich. Und er meint mich.« Erklärbar ist das nicht. Verstehbar auch nicht.

So mögen es die Menschen damals auch empfunden haben, wenn geschrieben steht, dass sie ihm »an den Lippen hingen«, weil er sie lehrte wie einer, der göttliche Vollmacht hat. In ihm haben sie Gott gespürt und wahrgenommen. Sie wussten es einfach.

Einen solchen inneren Durchbruch Gottes und des Göttlichen kann ich nicht »machen«, also nicht aus eigener Kraft herbeiführen. Er bleibt ein Geschenk. Aber ich darf mich auch auf das Zeugnis der vielen verlassen, die Gott entdeckt und erfahren haben. Dass überall dort, wo Leben aufbricht, wo der Mensch sich als Mensch spürt, wo er einer Sehnsucht folgt, er eine Spur seines eigenen Lebens findet, dass dort auch Gott da ist.

Wenn Gott mich geschaffen hat und ich bei mir ankomme, dann komme ich auch bei Gott an, dann trete ich vor das Antlitz des unsichtbaren-sichtbaren Gottes. Spüren zu können, zu entdecken, dass ich in ein noch viel größeres Ganzes, eine kosmische Einheit eingebunden bin, in der es letztlich keine Trennung von Gott gibt, ist und bleibt Gnade, Geschenk.

Zugleich komme ich bei Gott auch an, in der Wahrnehmung und Wertschätzung des anderen – unabhängig von seiner Religion, Hautfarbe, Nation. Jeder Mensch ist Abbild und Ebenbild Gottes, so sagt es die Schöpfungserzählung der Bibel. In jedem Menschen wird der unsichtbare Gott sichtbar, bekommt er ein konkretes Antlitz, einen Ausdruck, eine Stimme. In jedem Menschen wird er neu in diese Welt hineingeboren, wird er neu Mensch.

Impuls

- Wo erwartest du Gott am wenigsten, wo versteckt er sich deiner Ansicht nach?
- Wo könnte es lohnen, ihn heute zu suchen?

20. Dezember

Still, wie sie gekommen sind, schwinden sie wieder aus dem Gesichtskreis der heiligen Geschichte

Nachdem die drei Weisen ihre Geschenke abgegeben, vor Jesus niedergekniet, ihn als den geborenen Gottessohn verehrt hatten, was taten sie anschließend? Auf dem Hinweg waren sie zunächst zu König Herodes gegangen, weil sie von ihm Auskunft darüber erhofften, wo sie den neugeborenen König finden könnten. Dieser bat sie, auf dem Rückweg wieder bei ihm vorbeizukommen und ihm alles zu berichten, was sie herausgefunden hatten. Er wolle selbst hingehen, um den Gottessohn zu verehren.

Die Weisen taten jedoch genau das nicht. Weil es ihnen geboten worden war – so heißt es in der Erzählung der Bibel –, nehmen sie einen anderen Rückweg. Herodes hatte nämlich nicht die Verehrung, sondern die Tötung des neuen Königs im Sinn – aus reiner Angst um seine Macht: Ein neuer König hätte für ihn Konkurrenz bedeutet.

Die Weisen ziehen also auf einem anderen Weg nach Hause. Das ist nicht nur eine geografische Aussage. Übertragen auf den inneren Weg des Menschen bedeutet das: Immer, wenn wir mit unserem göttlichen Kern in Berührung kommen und mit der Ahnung, wer wir eigentlich sind, beginnt ein Ringen, und innere Widerstände regen sich. Das innere Ringen dreht sich oft darum, wem wir folgen wollen: dem, wofür König Herodes steht (man könnte es mit dem Wort »Ego« benennen: Macht, Reichtum, Ansehen und so weiter), oder dem göttlichen Kern in uns selbst, der das Ansehen dieser Welt nicht braucht, weil er in sich gehalten ist.

Wer in der Adventszeit innerlich aufbricht, der hat schon seiner Sehnsucht Raum gegeben, der erfährt bereits dieses Ringen mitten im Alltag. Wer das Göttliche in sich entdeckt hat, wer aufgebrochen ist und bei sich und damit bei Gott ankommt, der kann nicht einfach weitermachen wie bisher. In dessen Leben ist eine neue Dimension, ein neues Grundgefühl da: von göttlichem Glanz umstrahlt zu sein, von ihm erfüllt zu sein, in ihm geborgen zu sein. Ich erinnere mich an eine Vorlesung im Studium. Da fragte ein Professor uns Studenten: »Was ist anders, wenn ein Mensch Christ wird? Bevor dies geschieht, steht er morgens auf, frühstückt, geht zur Arbeit, kommt heim, isst etwas, sagt seiner Frau Gute Nacht. Und danach? Er steht morgens auf, frühstückt, geht zur Arbeit, kommt heim, isst etwas, sagt seiner Frau Gute Nacht. Aber«, so fuhr er fort, »der Blick auf all das, was der Mensch tut, die Haltung ist jetzt eine andere. Mit Gottes Augen die Welt zu sehen, wahrzunehmen, dass alles von göttlichem Glanz umstrahlt ist, lässt den Menschen eine andere Haltung einnehmen.«

Viele fragen dann: Wie kann ich diese neue Haltung in mein Leben integrieren? Bei manchen ist es tatsächlich so, dass sich nach außen hin nicht viel ändert, sie bleiben bei ihrem »alten« Leben und vielleicht auch bei ihren Routinen, aber sie tun sie innerlich verwandelt. Manchmal beginnen damit aber auch neue Biografien, muss ein Leben total umgekrempelt werden, braucht es eine neue Ausrichtung, weil das Alte so nicht mehr stimmt.

Wir wissen nicht, was mit den Weisen nach der Begegnung mit dem Kind geschah. Wir wissen nicht, ob sie diese Begegnung verändert hat. Wenn, dann ist es nur symbolisch an der Tatsache erkennbar, dass sie auf einem anderen Weg heimkehrten, als sie gekommen waren. Still gehen sie, aber innerlich verändert.

Die Tatsache, dass die Bibel sie nicht weiter erwähnt, mag darauf hinweisen, dass sie das Erlebte nicht an die große Glocke gehängt haben. Sie haben sich nicht damit gebrüstet, den »Gottessohn«, den zukünftigen Star, gesehen zu haben. Sie haben nicht mal eben einen Prominenten getroffen, sich ein Autogramm abgeholt und ein Selfie gemacht, das sie jetzt jedem zeigen müssen und heute über WhatsApp verbreiten würden. Stattdessen hat echte Begegnung stattgefunden. Sie wissen jetzt, was sie von innen hält und haben keinen »Ego-Trip« mehr nötig, keinen Applaus oder Bewunderung von außen.

Eine solche Wandlung, die von innen geschieht, von dem göttlichem Punkt meines Selbst aus, trägt in sich das Potenzial, mich wirklich zu ändern. Oft ist es mit »guten Vorsätzen« so, dass bald alle vergessen sind oder wir das, was wir uns vorgenommen haben, nicht lange durchhalten und in alte Gewohnheiten zurückfallen. Aber hier ist es mehr als ein Vorsatz. Hier ist es nicht nur ein Akt, den man mit allen Willenskräften umzusetzen versucht, sondern eben Wandlung von tief innen. Das schenkt zugleich auch eine große innere Freiheit. Die erste Frage muss dann nicht mehr sein: Wie finden das die anderen, wie bekomme ich Applaus für das, was ich tue, wie bin ich gut, sondern: Bin ich mit diesem innersten Punkt meines Selbst im Einklang?

Impuls

- ✫ Achte heute einmal auf dich und überlege, ohne zu werten: Wo regt sich dein »Ego«? Wo wünschst du dir die Anerkennung anderer?

- ✫ Gibt es eine Begegnung mit einem Menschen, ein Erlebnis, eine Erfahrung, die dich so verändert hat, dass du hinterher nicht mehr derselbe warst, dass du das Gefühl hattest, ein anderer geworden zu sein?

21. Dezember

Aber wer einmal sein ganzes Herz bis zum letzten Tropfen verschwendet hat an den Stern, der hat das Abenteuer seines Lebens schon bestanden

Mir fällt hierzu die Erzählung aus der Bibel ein, in der eine Frau mit einem Gefäß, das gefüllt ist mit wertvollem und kostbarem Öl, zu Jesus kommt, der sich gerade bei seinem Gastgeber zu Tisch niedergelassen hat. Sie geht zu ihm, gießt das Öl verschwenderisch über seine Füße und trocknet diese mit ihrem Haar. Die umstehenden Männer regen sich sofort auf und denken darüber nach, was dieses Öl wert ist und was sie für dieses Geld hätten kaufen können, wie viel Not sie hätten lindern können. Doch darauf hatte die Frau gar nicht geschaut. Sie ist Jesus in Liebe zugetan – und verschwendet das Öl, um ihm ihre Zuneigung zu zeigen. Sie schenkt ihm ein Zeichen ihrer Hingabe, ohne zu berechnen. Wie viel Überwindung wird es die Frau gekostet haben, diesen Schritt zu wagen, wie viel Herzzittern, vor eine Männergesellschaft zu treten und ihrer Zuneigung zu folgen. Sie verschwendet hier im wahrsten Sinn des Wortes ihr Herz bis zum letzten Tropfen. Spannend ist die Reaktion Jesu: Er regt sich als Einziger nicht auf, sondern sagt ihr, dass sie ihm durch ihr Handeln viel Liebe gezeigt habe, was die Männer nicht getan haben. Dieses Abenteuer, dieses Wagnis hat sie bestanden. Und darf darauf vertrauen: Wenn ich all meine Herzenskraft zusammennehme, ihr traue, auch wenn ich Angst habe, dann werde ich mein Leben, mein Lebensabenteuer bestehen – es wird gelingen.

Diese Sehnsucht ist, glaube ich, in jedem Menschen: Das Abenteuer des Lebens zu bestehen. Alle Hürden zu nehmen und zu meistern. Nicht aufzugeben, schwierige Zeiten durchzustehen und dann stolz auf sich sein zu können. Wichtig dafür ist, einmal sein ganzes Herz bis zum letzten Tropfen zu verschwenden. Sich einmal ganz einzusetzen, sich ganz an das hinzugeben, wofür mein Herz schlägt, einmal ganz mir selbst zu folgen, dem, wofür ich allen Herzensmut und alle Liebe, alle Beherztheit, zu der ich fähig bin, brauche und einsetzen muss.

Ich glaube, dass es genau darum geht: Wer einmal dieses Wagnis eingegangen ist, unabhängig von der Meinung anderer, wer einmal seinem Lebensstern am Horizont seines Herzens mit allem Mut und allen Ängsten und Zweifeln gefolgt ist, der weiß, dass er manchmal über sich selbst hinauswachsen kann. Dass mehr möglich ist, als er bisher dachte.

Für mich war ein solches Erlebnis der Camino. Als einige Jahre nach meinem Eintritt ein Mitbruder, der mit mir eingetreten war, begann, seine Doktorarbeit zu schreiben und ich meinem geistlichen Begleiter etwas neidisch davon erzählte, sagte er: »Deine Doktorarbeit war der Pilgerweg, und deine Pilgerurkunde, die bestätigt, dass du angekommen bist, ist dein ›Meisterbrief‹.« Das hat mich zutiefst berührt, weil mir klar wurde: Hier habe ich alles gegeben. Ich habe die Prüfung bestanden und weiß, jetzt kann ich alle anderen Wege, die ich gehen muss, bestehen. Mit dem, was ich hier gelernt habe, werde ich alle Wege gehen können.

Es kommt noch etwas hinzu: Wer einmal gespürt hat, welche Kraft und Entschlossenheit in unserem Herzen stecken kann, der wird sich mit Kompromissen nicht mehr zufrieden geben.

Impuls

- Wo machst du in deinem Leben Kompromisse? Wo bist du kompromisslos?
- Bei welcher Beschäftigung vergisst du die Zeit? Welcher Sache kannst du dich ganz »hingeben«?

22. Dezember

… der ist angekommen, auch wenn der Weg noch weiterführt! Lasst auch uns auf die abenteuerliche Reise des Herzens zu Gott gehen!

Wer bis hierhin den Weg auf Weihnachten zu mitgegangen ist, wer innerlich aufgebrochen ist, sich gesehnt, gesucht und auch gefunden hat, der hat sich auf die Reise des Herzens begeben. Und der Weg führt ihn immer weiter, ist nie am Ende. Unser früherer Abt gibt seit einigen Jahren immer wieder gut besuchte Kurse zum Thema: »Älter werden – weiterwachsen«. Er ermutigt, selbst im Alter noch innerlich auf dem Weg zu bleiben und sich nicht auf seinen »Lorbeeren«, auf seinen Gebrechen oder seiner Lebenserfahrung auszuruhen. Hermann Hesse schreibt dazu in seinem Gedicht »Stufen«: »Uns wird auch noch die Todesstunde neuen Zielen jung entgegenführen.« Unser Ordensgründer ruft seine Mönche zur steten Wachheit auf. In der Einleitung zur Benediktsregel zitiert er einen Vers aus der Bibel: »Heute, wenn ihr seine (Gottes) Stimme hört, verhärtet eure Herzen nicht.« Benedikt geht es um die Spannkraft des Herzens und der Seele. Und dann kann ich dies anders wenden und mir sagen: Jeden Tag beginnt ein neues Abenteuer meines Herzens, meines Lebens. Jeder Tag ist eine neue Herausforderung.

Eine englische Modemarke für Männer warb für den Sommer 2016 mit einem Prospekt, der komplett im Safari-Style aufgenommen ist. Auf einem Bild sieht man in der Steppe ein Zelt, davor Stühle und einen Jeep. Die Models tragen alle einen Safarihut – so, wie man sich das eben vorstellt. Unter diesem Bild steht der Satz: »This heart of mine was made to travel this world!« – »Mein Herz ist dazu gemacht, diese Welt zu bereisen.« Natürlich wird hier für eine Reise geworben, während der man mit Artikeln dieser Marke am besten ausgestattet ist. Interessant finde ich aber, dass hier vom »Herz« die Rede ist. Was ist das Wertvolle für das Herz, wenn man die Erde bereist, wenn man immer neue Länder, neue Menschen, neue Orte und Kulturen kennenlernt?

Meine Erkenntnis aus dem Pilgerwege und meinem zweijährigen Afrikaaufenthalt ist: Gelassenheit, Weite und Gottvertrauen. Und ich möchte anfügen: Das Kennenlernen vieler wunderbarer Menschen und weiter, wunderbarer Landschaften. Und noch eine Erfahrung habe ich gemacht: Gerade in Afrika scheinen für uns Europäer viele Dinge nicht zu funktionieren. Oder zumindest funktioniert vieles anders, als wir es uns vorstellen oder wünschen – aber am

Ende wird doch immer alles gut. Man braucht eben viel Geduld. Ich erinnere mich an einen Flug von Mtwara nach Daressalam. Am Vormittag sollten wir starten. Dann jedoch war die Maschine kaputt und wir mussten auf Ersatz warten. Keiner wusste, wann das der Fall wäre und wie schnell es gehen würde. Am Ende dauerte es über sechs Stunden, bis der Flug startete. Die vielen Afrikaner auf dem Flughafen behielten eine stoische Ruhe, schliefen, erzählten und aßen. Mir fiel das deutlich schwerer. Schon deshalb, weil wir Deutschen dazu neigen, immer alles zeitlich genau zu planen. Das ist in Afrika einfach anders. Was ich daraus mitnahm, ist, dass es genau darum geht: sich dem Fluss des Lebens zu überlassen beziehungsweise den Bewegungen des Herzens, seinen Höhen und Tiefen. Und genau in diesen manchmal abenteuerlichen Bewegungen des Lebens kommt Gott auf uns zu. Wenn man sich auf die Reise macht und sich dem Fluss des Lebens überlässt und nicht für alles Pläne macht, Ziele erreichen will, dann begegnet er einem in den Alltagsfalten des Tages, in Menschen, in der Schönheit der Natur.

Ein zweiter Punkt in dieser Hinsicht: Immer wieder erlebe ich in Gottesdiensten, Büchern, Vorträgen eine Sprache, die nahelegt, dass der Mensch sich den Weg zu Gott »bahnen« muss, dass er es ist, der durch seine Tugendhaftigkeit und seinen »Verdienst« zu Gott finden muss. Doch das Gegenteil ist der Fall:

Gott kommt zum Menschen. Er ist der Gegenwärtige, der uns dann begegnet, wenn wir uns auf das Abenteuer unserer Herzensreise einlassen.

Impuls

- Versuche heute, in den nächsten Tagen einmal etwas auf dich zukommen zu lassen, ohne es bis ins letzte Detail zu planen.
- Versuche, dich über Terminverschiebungen oder über die Verspätung der Bahn, den Stau auf der Autobahn nicht zu ärgern, sondern alles eher in einer Erwartungshaltung zu sehen, was dir dieser Zeitgewinn, dieses Ungeplante schenken will.

23. Dezember

Lasst uns aufbrechen und vergessen, was hinter uns liegt!

Viele Menschen tun sich schwer damit, etwas zu vergessen. Manche Dinge bleiben einem ein Leben lang in Erinnerung, ob man will oder nicht. Vor allem das, was schwer war, über das man oft gegrübelt hat, ob man an dieser Stelle seines Lebens richtig abgebogen ist, ob die Entscheidung, die man damals getroffen hat, die richtige war, »klebt« uns im Gedächtnis und will uns nicht loslassen. Auch die Verletzungen und Kränkungen, die man erfahren hat, sind schwer zu vergessen. Manche Narben bleiben, selbst wenn die Wunden verheilt sind.

Wenn wir uns auf den Weg machen, aufbrechen zu einem neuen Ziel, braucht es daher manchmal die bewusste Entscheidung und den Willensakt, nicht mehr in der Vergangenheit stecken zu bleiben, sondern jetzt die Zukunft unter die Füße zu nehmen.

Dabei kann auch die Beobachtung helfen: Das Festhalten von etwas kostet Energie. Das kann so weit gehen, dass ich für nichts anderes mehr Kraft habe und mich deshalb das Festhalten an der Vergangenheit, an den Kränkungen, den Verletzungen völlig lähmt. Ein schönes Bild dafür ist der Rucksack, den ich auf meinen Lebensweg mitnehme: Wenn ich darin all das sammle, was schwer war unterwegs, alles mitnehme, was mich belastet, kann ich ihn irgendwann nicht mehr tragen. Er ist mir im wahrsten Sinn zu schwer geworden, ich kann nicht mehr weitergehen.

Wir Benediktiner beten jeden Abend zu Beginn unseres Nachtgebetes das Schuldbekenntnis und bitten Gott um sein Erbarmen. Damit übergeben wir ihm den vergangenen Tag, halten wir ihm das hin, was schwer oder schwierig war, was noch offen geblieben ist an diesem Tag und an uns hängt wie ein Gewicht. Benedikt schreibt sogar in seiner Regel: Wenn ein Bruder mit einem anderen im Streit liegt, dann soll er noch vor Sonnenuntergang Frieden schließen. Das führt dazu, dass wir uns der Nacht übergeben, den Tag hinter uns lassen können und alles, was offen ist, trotzdem bei Gott gut aufgehoben wissen.

Natürlich gibt es Schuld, die Zeit braucht, bis sie vergeben werden kann. Aber gerade auch das Beispiel von Menschen, die Terror und Unrecht erfahren haben, wie Überlebende des Holocaust oder auch die Angehörigen von Terroropfern, zeigen: Vergebung zu schenken, auch und gerade sich selbst, ohne Vergeltungs- und Rachegedanken zu entwickeln, bedeutet, den Tätern nicht die Herrschaft über die eigene Zukunft zu geben und stattdessen Freiheit zu gewinnen.

Darum geht es im Vergessen dessen, was hinter uns liegt: frei zu werden, nicht von der Vergangenheit aus unsere Zukunft zu definieren. Das braucht eine sehr bewusste Entscheidung und ein großzügiges Herz.

Benedikt schreibt in seiner Regel von dem Herzen, das immer weiter wird, je mehr man auf dem Weg voranschreitet – vielleicht auch deshalb, weil man immer deutlicher auch die eigene Gebrechlichkeit, die eigenen Schwächen erfährt. Zumindest ruft Benedikt dazu auf, sich selbst gegenüber sehr wachsam zu sein, sich also zunächst selbst in den Blick zu nehmen und wahrzunehmen, wo ich noch wachsen kann. Und je mehr ich erkenne, wo ich fehlbar bin, desto leichter fällt es mir auch, mit anderen barmherzig zu sein.

So gehört zum Vergessen dessen, was hinter mir liegt, nicht nur das, was andere mir in der Vergangenheit zugefügt haben, sondern auch das, wo ich mir selbst gegenüber nicht gerecht geworden bin, wo ich nicht meinem Herzen gefolgt bin, wo ich über das rechte Maß hinaus gelebt, zu viel gearbeitet und meiner Gesundheit geschadet habe, wo ich so in meine Arbeit verstrickt war, dass ich für alles andere keine Zeit mehr hatte. Auch das darf ich mir selbst vergeben und dann neu beginnen.

Das ist auch die Botschaft des Kindes, das in der Krippe liegt: Deine Sünden sind vergeben, all das, was dich belastet, ist vergessen. Besonders deutlich wird das in den Heilungsgeschichten Jesu, von denen in den Evangelien berichtet wird: Jesus richtet die Menschen auf und ermutigt sie, ihr Leben unter die Füße zu nehmen. Er heilt ihre Lähmungen und ihre Blindheiten und nimmt ihnen die Gewichte von den Schultern, sodass sie wieder aufrecht gehen können.

Impuls

- Nimm wahr, wo ein unerledigtes Kapitel deines Lebens dich blockiert, dir Energie raubt, dich nicht in deine Zukunft aufbrechen lässt.
- Spüre nach, ob es dir möglich ist, dieses »Gewicht« zurückzulassen, zu vergeben und zu vergessen – um deiner selbst willen.
- Was braucht es, damit dies möglich wird? Ein klärendes Gespräch? Eine Geste der Versöhnung?
- Du kannst auch in einer Kirche eine Kerze anzünden und so das Vergangene Gott hinhalten oder übergeben. Vielleicht hilft auch ein Besuch am Grab, falls es einen Menschen betrifft, der schon gestorben ist, und damit ein bewusster Abschied, der vielleicht sogar ein nachträgliches Vergeben möglich macht?

24. Dezember

Es ist alles noch Zukunft – weil wir Gott noch finden, noch mehr finden können

Heiligabend – dieser Tag hat für mich immer eine ganz eigene Prägung. Spannung ist zu spüren und Vorfreude. Am Vormittag werden bei uns im Kloster noch Vorbereitungen für das Fest getroffen: wir putzen unsere Zimmer, suchen festliche Kleidung aus. Die Krippen werden an ihren verschiedenen Standorten – in unserem Speisesaal, in der Kirche, in den Gemeinschaftsräumen – aufgebaut. Und dann ist er da – der heilige Abend. Wir beginnen ihn mit unserer »Ersten Vesper«, unserem Abendgebet. Wenn wir dann aus der Kirche kommen, brennen in unserem Kreuzgang Kerzen und im Innenhof strahlt der Weihnachtsbaum. Alles ist hell und erleuchtet.

Das feiern wir auch am Heiligabend: dass die Dunkelheit hell geworden ist, weil Gottes Sohn geboren wurde, neu in die Welt gekommen ist. Jedes Jahr feiern wir Christen, dass Gott Mensch geworden ist, zu uns kam als einer von uns. Er ist es, der den Menschen Zukunft ermöglicht, damals wie heute, der uns »Leben in Fülle« schenkt. Manchmal, wenn das Leben zu alltäglich geworden ist, verlieren Menschen den Glauben daran, dass es so etwas wie Zukunft gibt, dass sich noch einmal etwas ändern kann, dass sie »Gott noch mehr finden können«.

Genau hier hat Jesus mit seiner Botschaft angesetzt. Menschen, die als aussätzig galten, die nur noch dahinvegetierten, am Rand der Gesellschaft lebten, hat er zurückgeholt in die Mitte und ihnen Ansehen geschenkt. Aussätzige waren damals nicht nur die von der gleichnamigen Krankheit Betroffenen, sondern galten auch als Sünder: Ihre Krankheit, so die Vorstellung, war die Folge einer Schuld, eines Fehlers, den sie begangen hatten. Sie waren damit nicht nur an den Rand der Gesellschaft gedrängt, sondern hatten eigentlich auch keine Chance, je wieder rehabilitiert zu werden. Aussatz war damals unheilbar – diese Menschen hatten nur noch den Tod vor sich. Das galt auch für alle, die eine andere unheilbare Krankheit hatten, die zum Beispiel gelähmt waren oder blind.

Jesus schenkt ihnen durch seine Heilung eine neue Zukunft. Das Spannende daran: Häufig fragte er die Kranken: »Was willst du, dass ich dir tue?« Er heilte sie also nicht einfach, sondern wollte wissen, was ihre größte Sehnsucht ist, was sie sich an Veränderung wünschen. Erst dann erfüllte er ihre Bitte und ermöglichte ihnen damit, in die Gesellschaft zurückkehren zu können.

Übertragen auf unseren eigenen Lebensweg heißt das: Egal, wie ausweglos die Situation auch scheint, wir können wieder zurückkehren ins Leben – wenn wir für uns klar wissen, was es denn ist, das Jesus »uns tun soll«, wenn wir uns also unserer Sehnsucht stellen und auch wollen, dass sich etwas in unserem Leben ändert. Dann können wir täglich unser Leben neu unter die Füße nehmen. Das Alte hinter uns lassen. Dann sehen wir, dass es jeden Tag möglich ist, anders als gestern zu leben, dass uns niemand zwingt, heute das Gleiche zu tun wie gestern und so weiterzuleben, wie wir es gerade tun. Dann liegt vor uns immer eine Offenheit, eine Möglichkeit, sich auf die Suche zu machen, selbst noch im Alter, selbst, wenn die Zwänge, in denen man sich fühlt und wähnt, einem das Gegenteil vorspiegeln.

Jesus ermutigt dazu. Wenn er einem Gelähmten sagt: Steh auf und geh. Dann meint er genau das: Nimm dein Leben unter die Füße, trau deiner Sehnsucht und sieh auf die Möglichkeiten, die du hast. Definiere dich nicht über das, was dich lähmt, beugt, kleinmacht – Gott will, dass du dein Potenzial lebst, dass du aufrichtig, kraftvoll das Leben lebst, das er dir geschenkt hat.

Wer einen solchen Schritt wagt, der weiß nicht, wohin der Weg führt, was kommt, welchen Ausdruck seine Lebendigkeit finden wird, wohin ihn seine Sehnsucht führt. Aber er wird spüren, dass er

»Gott immer mehr finden« kann, dass ihm immer eine Zukunft offen steht, egal wie ausweglos seine Lebenssituation ihm manchmal erscheinen mag.

Anders ausgedrückt kann dies heißen: Ich versuche immer mehr zu entdecken, wer der Mensch in mir ist, den Gott sich gedacht hat, als er mich schuf. Wichtig scheint mir dabei zu sein, immer wieder in mich selbst hineinzuschauen und mich zu fragen: Bin ich das – so wie ich gerade in der Welt bin? Kann ich mich im Spiegel anschauen, ertrage ich den Blick auf mich selbst? Kann ich mit mir allein sein? Sehe ich Gott, der aus meinen Augen schaut?

Letztlich kann ich so »Gott immer noch mehr finden« und entdecken, weil ich mit ihm und er mit mir nie am Ende ist.

Impuls

- Wenn ich mich heute einmal im Spiegel anschaue: Wen sehe ich? Welches Gefühl stellt sich ein? Kann ich mir in die Augen schauen, aufrichtig, ehrlich? Kann ich Gott in mir entdecken?

25. Dezember

Der Weg geht durch Wüsten und Finsternisse

Heute ist Weihnachten. Für viele das schönste Fest im Jahr. Wochenlang hat man sich darauf vorbereitet. Eltern, Großeltern und andere Verwandte und Freunde nehmen oft weite Reisen auf sich, um bei ihren Lieben sein zu können. Und die Gastgeber überlegen häufig schon im November, wie sie ihre Gäste verwöhnen können, was sie dazu besorgen müssen und was bis dahin noch alles erledigt werden muss. Es soll eben das perfekte Fest werden, bei dem sich alle wohlfühlen, gut essen und trinken und jeder am Ende zufrieden ist – inklusive des Gastgebers. Werbung, Medien, Zeitungen und Fernsehen tragen ihrerseits dazu bei, Festtagsstimmung zu verbreiten. In beinahe allen Zeitschriften findet man das perfekte Weihnachtsmenü, die perfekte Weihnachtsdeko, die perfekten Weihnachtsgeschenke.

In der Werbung wird uns in dieser Zeit häufig vorgegaukelt, dass ein solcher Tag auch ein Fest der perfekten Harmonie sein muss: Alle sitzen um den großen Tisch, lachen, reden, halten sich in den Armen. Im Fernsehen gibt es Musikshows und Filme, die uns Ähnliches suggerieren: Es glänzt und blinkt und alle sind fröhlich.

Wen wundert es also, dass die Erwartungen an dieses Fest sehr hoch sind und viele meinen, die Welt müsse für einen Tag stillstehen, alles sei nun gut und heil, alle Menschen hätten sich lieb.

Aber so ist es nicht, und so war es auch damals nicht. Damals wurde Jesus in eine Welt geboren, die eben nicht heil war, sondern unter Krieg, Hunger, Dürre und anderen Naturkatastrophen litt. Das hat sich bis heute nicht geändert, auch nicht an Weihnachten. Damals wie heute gibt es Unterdrückung und Unrecht, Elend, Menschen, die auf der Flucht sind, deren Leben bedroht ist. Gerade auch im Stall von Betlehem war die Situation nicht voller Harmonie und Harfenklang. Da wurde kein Gala-Diner serviert mit erlesenen Weinen. Maria gebar Jesus in einem Stall, weil sie keinen Platz in der Herberge fanden, und in einer Stadt, die von den Römern besetzt war und die unter dieser Herrschaft litt. Das ist alles andere als weihnachtliche Harmonie.

Damals wie heute führten die Wege der Menschen durch »Wüsten und Finsternisse«. Vielleicht mag es zunächst erschrecken, dass ausgerechnet an Weihnachten diese Worte über dem Tag stehen. Aber sie machen die Realität deutlich, die heute keine andere ist als damals: Die Wege der Menschen führen durch Dunkel und Nacht.

Doch für mich ist bis heute die atemberaubende Botschaft von Weihnachten: Mitten in diese Welt aus Wüste und Finsternis wird Gott hineingeboren. Mitten in der Dunkelheit verkündet das die Botschaft: Ich bin da. Mitten in euren Finsternissen, mitten im Elend. Damals wie heute bleibt Gott nicht ferner Beobachter, der sich in aller Gemütsruhe ansieht, wie die Menschen die Welt gestalten oder auch zugrunderichten. Er wird Fleisch – ein Mensch mit Haut und Knochen. Damit stellt er sich bedingungslos an die Seite der Menschen und geht mit ihnen durch ihre »Wüsten und Finsternisse«. Sein Leben spricht vom Licht in aller Dunkelheit, von Hoffnung und Zuversicht: Gerade der dunkle Moment seines gewaltsamen Todes ist nicht endgültig, sondern wird zur Auferstehung und damit zum Hoffnungszeichen, dass das Leben immer stärker ist als der Tod, dass die »Wüsten und Finsternisse« nicht ohne einen neuen Morgen bleiben.

Jesus wusste um diese unzerstörbare Kraft des Lebens. Als Mensch hat er mit Haut und Haar Gott als Gott des Lebens erfahren. Er hat eben nicht nur »Wüste und Finsternis« erlebt, nicht nur all das Schwierige, Schlechte, den Tod und das Dunkle, sondern auch die maßlose Freude. Er wird schon bei seiner Geburt Liebe erfahren haben von seinen Eltern und später die seiner Jünger und Jüngerinnen. Er wird erlebt haben, wie schön es ist, einen Körper zu haben, das Gras unter den Füßen zu spüren, Blumen riechen zu können und gemeinsam ein Essen zu genießen. In allem und allen hat er Gott gespürt, gesehen, gerochen, getastet, gefühlt.

So wird ein Weihnachten, an dem die »Wüsten und Finsternisse« ausgeblendet sind, wie es uns die Medien vorgaukeln, dem ursprünglichen Sinn von Weihnachten sicher nicht gerecht. Aber ein Weihnachten, das die Freude, den Glanz und das Glück ausblendet, sicher auch nicht. Das Helle braucht das Dunkle, damit es als hell, als schön, als kostbar erfahren werden kann. Das ist eine Erfahrung, die uns an Weihnachten und auf unserem Weg begleiten kann.

Impuls

- Wo gehst du in deinem Leben gerade durch »Wüsten und Finsternisse«?
- Wo erfährst du das Leben pur – die Liebe, die Freude, die Ekstase?
- Kannst du beides nebeneinander stehen lassen?

26. Dezember

Aber verzage nicht; der Stern ist da und leuchtet

»Eine alte Legende erzählt: Als die Weisen aus dem Morgenland Betlehem wieder verließen, blickten sie von einer Anhöhe nochmals auf die Stadt zurück. Da sahen sie ein wunderbares Schauspiel: Der Stern, der sie zur Krippe geführt hatte, zersprang in tausend und abertausend kleine Sterne, die sich über die ganze Erde verteilten. Die Weisen wussten nicht, was das zu bedeuten hatte. – Auf ihrem Weg kamen sie an eine Kreuzung. Sie fragten einen Fremden nach dem rechten Weg. Der gab ihnen freundlich eine hilfreiche Auskunft. Da sahen sie über seinem Kopf ein Sternchen leuchten. Und als sie am Abend in der Herberge waren und von dem Herbergswirt liebevoll bedient wurden, da leuchtete auch über dessen Kopf ein Sternchen.

Jetzt begriffen die Weisen das Schauspiel, das sie auf der Anhöhe über Betlehem gesehen hatten: Überall dort, wo ein Wort der Liebe gesagt wird, wo eine Tat der Liebe getan wird, da leuchtet der Stern von Betlehem, ein kleiner Stern der Liebe.« (Quelle unbekannt)

Oft sind uns die Wüsten und Finsternisse, durch die wir zu gehen haben, näher, wir erzählen häufiger von ihnen als von den Lichtmomenten in unserem Leben. Das ist auch verständlich, weil diese Momente uns zu schaffen machen, uns Schmerz bereiten, weil sie dazu führen, dass unser Leben manchmal von jetzt auf gleich nicht mehr das Gleiche ist.

In all dem Schwierigen der großen, aber auch unserer eigenen kleinen Welt den leuchtenden Stern zu sehen, fällt uns nicht immer leicht. Er scheint untergegangen zu sein oder weitergezogen, erloschen oder nur noch für andere sichtbar, die mehr Glück im Leben haben als wir selbst.

Die Legende erzählt anderes: Die abertausende »Sternensplittern«, in die der Stern von Betlehem zersprungen ist, sind unter die Menschen gefallen, um dort zu leuchten und allen zu zeigen, wo auf der Welt heute Weihnachten geschieht, wo Gott geboren wird, das weihnachtliche Licht leuchtet. Gott wird immer wieder Mensch – überall dort, wo die Liebe lebt und weitergegeben wird. Genau dort leuchtet auch heute noch der Stern von Betlehem. Genau dort wird er auch heute noch sichtbar für die Menschen, die Augen haben, ihn zu sehen.

Wenn wir oft das Gefühl haben, dass der Stern nicht mehr da ist, dass er sich versteckt hat, dann ist es an der Zeit, die Augen und die Ohren und die übrigen Sinne zu öffnen, um die kleinen »Sternsplitter« im Alltag zu entdecken. Dann werden wir entdecken, dass der Stern noch lange über Weihnachten hinaus leuchtet.

Impuls

- Schau einmal genau hin: Begegnen dir heute Menschen, denen ein kleiner Stern über dem Kopf leuchtet?
- Wann kannst du einen solchen »Sternsplitter« auch über deinem Kopf leuchten sehen?

27. bis 31. Dezember

Du sagst, er stehe zu klein und zu fern am Firmament deines Herzens? Aber er ist da! Er ist nur klein, weil du noch weit zu laufen hast! Er ist nur fern, weil deiner Großmut eine unendliche Reise zugetraut wird!

Erst als ich in Münsterschwarzach in die Abtei eintrat, lernte ich den Begriff »zwischen den Jahren« kennen – die Tage nach Weihnachten bis Neujahr. Es ist eine eigene Zeit mit ganz eigener Qualität. In der Abtei ruht hier die Arbeit in den Betrieben, wir Mönche machen alles einen Schritt langsamer und nehmen uns viel Zeit füreinander. Früher ruhte in dieser Zeit auch auf vielen Höfen die Arbeit. Es ist eine Schwellenzeit, eine Übergangszeit, in der Altes abgeschlossen und Neues begonnen werden will.

Der Stern meiner Sehnsucht ist dabei besonders wichtig, damit die Richtung, die ich im Abschließen des alten Jahres und Beginnen des neuen Jahres einschlage, stimmt und mich auf Wege des Lebens führt. Manchmal scheint dieser Stern aber ganz fern am Horizont meines Herzens zu stehen, scheine ich nur ganz schwer mit meiner Sehnsucht in Berührung zu kommen, nur schwer zu ahnen, welchen Ausdruck mein Leben bekommen will. Dann bin ich kaum in Berührung mit mir, meiner Hoffnung, weil all das durch anderes, vordergründiges, Alltägliches überlagert wird.

Dann erscheint der Stern sehr klein, und wirkt so, als ob er nicht die Kraft hätte, mich zum Aufbruch zu bewegen. Er müsste doch heller leuchten, größer sein, klarer – sodass ich weiß: Das ist er, der Stern, dem ich folgen will.

Karl Rahner nutzt in seinem Text ein Wort, das heute nicht mehr oft gebraucht wird: Er spricht vom »Großmut«, dem eine unendlich lange Reise zugetraut wird.

Das Wort »Großmut« bedeutet zunächst nichts anderes als »Großer Mut«. Es hat aber noch eine zweite Komponente, die man vielleicht mit dem Wort »unerschrocken« übersetzen könnte. Unerschrockenheit und Großmut braucht ein Mensch, der aufbrechen will zu einer Reise, von der er nicht weiß, wohin sie ihn führen und wie lange sie dauern wird. Eine solche ungewisse Reise entspricht nicht unbedingt dem Sicherheitsbedürfnis, das viele Menschen haben: Sie wollen wissen, worauf sie sich einlassen, und gegen alle Eventualitäten und mögliche Gefahren abgesichert sein. Manchmal vergessen wir dabei, dass es die absolute Sicherheit nicht gibt. Deshalb braucht es Großmut, immer wieder neu aufzubrechen, die

Lebensreise zu wagen, hinein in das Leben, zu dem der Stern am Horizont unseres Herzens uns ruft. Das gilt gerade in diesen Tagen, an der Schwelle zum neuen Jahr, das wie ein unbeschriebenes Blatt vor uns liegt.

Das Wort Großmut weist für mich auch darauf hin, dass in uns mehr Mut steckt, als wir uns selbst manchmal zutrauen. Und dann mag es sein, dass gar nicht der Stern zu klein ist am Horizont des Herzens, sondern hat vielleicht eher damit zu tun, was wunderbar in folgenden Gedanken ausgedrückt ist, die Nelson Mandela zugesprochen werden: »Jeder Mensch ist dazu bestimmt, zu leuchten! Unsere tiefgreifendste Angst ist nicht, dass wir ungenügend sind, unsere tiefgreifendste Angst ist, über das Messbare hinaus kraftvoll zu sein.

Es ist unser Licht, nicht unsere Dunkelheit, die uns am meisten Angst macht. Wir fragen uns, wer wir sind, uns selbst brillant, großartig, talentiert, phantastisch zu nennen? Aber wer bist du, dich nicht so zu nennen? Du bist ein Kind Gottes. Dich selbst klein zu halten, dient nicht der Welt. Es ist nichts Erleuchtetes daran, sich so klein zu machen, dass andere um dich herum sich nicht unsicher fühlen. Wir sind alle bestimmt, zu leuchten, wie es die Kinder tun.

Wir sind geboren worden, um den Glanz Gottes, der in uns ist, zu manifestieren. Er ist nicht nur in einigen von uns, er ist in jedem Einzelnen. Und wenn wir unser Licht erscheinen lassen, geben wir anderen Menschen die Erlaubnis, dasselbe zu tun. Wenn wir von unserer eigenen Angst befreit sind, befreit unsere Gegenwart automatisch andere.«

Als Kinder Gottes sind wir bestimmt, unser Licht leuchten zu lassen und es nicht unter den Scheffel zu stellen. Das hat Jesus genau so gepredigt und gesagt. Er hat nicht nur von sich als dem Licht der Welt gesprochen, sondern auch zu den Menschen gesagt: »Ihr seid das Licht der Welt!« Also nicht: »Werdet es, bemüht euch darum, wenn ihr all eure Fehler abgelegt habt, dann seid ihr Licht«, sondern: »Ihr *seid* das Licht der Welt«. Gerade die Kirche hat lange Zeit anderes gepredigt, hat von Sünde gesprochen, Menschen kleingemacht, ihnen immer wieder ihre Schwachheit vor Augen geführt.

Das war und ist aber nicht die Zielperspektive Gottes. Gott denkt groß vom Menschen. Er will, dass jeder Mensch sein Potenzial voll ausleben kann. Sich selbst (und andere) kleinzuhalten, hat nichts mit Erleuchtung zu tun. Erleuchtung hat damit zu tun, meine Größe und Würde zu erkennen und die Leuchtkraft, die in mir selbst steckt und darauf wartet, »angeknipst« zu werden.

Das Problem liegt darin, dass viele Menschen genau davor Angst haben: vor der eigenen Größe, vor dem eigenen Potenzial, vor dem eigenen Großmut, vor dem, wozu er eigentlich fähig ist. Auch hier gilt wieder: Keiner weiß, was geschieht, wenn ich die Angst ablege und mit Großmut meiner Leuchtkraft, meiner Stärke entgegengehe und andere damit ebenfalls dazu ermutige.

Doch wer das wagt, hat keinen Ego-Trip mehr nötig. Ganz im Gegenteil. In dessen Gegenwart können andere aufatmen, sie fühlen sich von seinem Licht, das da strahlt, gewärmt, angenommen, befreit.

Ich stelle es mir vor: Eine Welt, die erleuchtet ist; eine Welt voller Menschen, die sich trauen, ihre Größe zu leben! Welch eine erleuchtete, helle Zukunft liegt dann vor uns. Dieser Zukunft immer näher zu kommen – das ist die Reise, die uns und unserer Großmut zugetraut wird!

Impuls

- Was hindert dich, deine wahre Größe zu leben?
- Kannst du es aushalten, wenn jemand dir zusagt, dass du als Mensch großartig, fantastisch und talentiert bist? Was hindert dich, so »groß« von dir zu denken?

1. Januar

Brich auf, mein Herz, und wandre!

Als ich im Dezember 1999 in Compostela ankam, beschloss ich, meinen Pilgerweg noch weitergehen zu lassen. Das eigentliche Pilgerziel war früher nämlich nicht Santiago de Compostela, sondern Finisterre, ein Ort, der 100 Kilometer westlich von Santiago liegt, direkt am Meer. Weil die Menschen früherer Zeiten dachten, dass hier die Welt zu Ende sei, nannten sie ihn auch so: Finisterre – Ende der Welt. Hier verbrachte ich kurz vor dem Jahreswechsel eine Nacht am Meer. Alter Tradition folgend ist es üblich, am Ende eines Pilgerweges seine Pilgerkleidung zurückzulassen. Der Weg hat einen gewandelt, man ist ein anderer geworden, und zum Symbol dafür wird die alte Kleidung verbrannt. Sie steht für all das, was im wahrsten Sinne des Wortes nicht mehr tragbar ist. Und in diesem Ende lag der neue Anfang, der neue Beginn.

Ich hatte mich finden dürfen und spürte neue Stärke, Aufrichtigkeit, Lebensfreude, Gelassenheit und Zuversicht. Jetzt begann ein neuer Weg, auf dem all das mitgehen durfte in ein neues Leben. Bevor ich aufgebrochen war, hatte ich es bereits gehört, jetzt konnte ich es nachvollziehen: Es gibt ein Leben vor dem Camino und ein Leben nach dem Camino. Er ist eine Zäsur und bedeutet einen Neuanfang.

Auch das neue Jahr, das heute beginnt, ist ein neuer Anfang, ein neuer Beginn. 365 Tage liegen vor uns, die gelebt und gestaltet werden wollen. Jeder von ihnen ist ein noch unbeschriebenes Blatt. Sozusagen eine Blaupause, auf die ich meine untrügliche Handschrift auftragen darf. Eine Handschrift, die aus meinem Herzen fließt.

Das alte Jahr ist vergangen. Es ist allein an mir, dem neuen Gestalt, Form und Ausdruck zu geben. Der Weg durch das alte Jahr ist gestern zu Ende gegangen. Ich möchte mir die Frage stellen – vielleicht in einem Jahresrückblick –, was es denn in meinem Leben gibt, das heute nicht mehr tragbar ist. Vielleicht etwas, das im letzten Jahr oder die letzten Jahre mit mir gegangen ist und von dem ich jetzt spüre: Das will ich im neuen Jahr so nicht mehr, das geht so nicht mehr. Das kann auch so etwas sein wie die Art und Weise, wie ich dieses und jenes gemanagt habe, wie ich meinen Tag strukturiert habe, wie ich mit Kollegen umgegangen bin, wie ich meine Gesundheit ausgebeutet habe und über mein Maß gearbeitet und gelebt.

Wie aber gelingt es, dass dies wirklich geschieht, dass es eben nicht nur ein Vorsatz ist, dessen Energie in drei Tagen schon wieder verpufft ist?

Ich glaube, eine solche Wandlung muss von ganzem Herzen kommen, es darf kein halbherziger Entschluss sein, sondern ich muss es tatsächlich wollen – mit allen Kräften, die in mir sind. Zum anderen darf es keine Überforderung sein, kein unrealistisches Ziel, das ich mir im Übermut des fröhlichen Jahreswechsels vornehme.

Daher ist es gut, mir lieber etwas vorzunehmen, das ich als einen ersten Schritt realisieren kann, statt gleich das ganz Große, das Leben Verändernde im Blick zu haben. Zudem ist es wichtig, das Herz zu befragen, ob ich das, was ich mir vorgenommen habe, »herzlich« tun kann, ob das Herz einschwingt, ob es der Weg ist, auf den hin auch mein Herz neu aufbrechen will.

Und nicht zuletzt: Wenn ich etwas ändern will, dann nur mir zuliebe! Nicht, um andere glücklich zu machen, ihre Erwartungen zu erfüllen, vor ihnen gut da zu stehen. Es geht um mich. Ich muss mich in meiner Haut, in meinem Lebensgewand, das ich trage, wohlfühlen.

Impuls

- Überlege dir eine Sache, einen Aufbruch, den du in den nächsten zwei Wochen angehen willst. Das muss nicht dein Leben umkrempeln, das kann auch etwas ganz Alltägliches sein. Aber es sollte etwas sein, von dem du überzeugt bist: Es bleibt kein guter Vorsatz, sondern ich werde es tatsächlich umsetzen. Mir zuliebe.

2. bis 5. Januar

Es leuchtet der Stern. Viel kannst du nicht mitnehmen auf den Weg. Und viel geht dir unterwegs verloren. Lass es fahren! Gold der Liebe, Weihrauch der Sehnsucht, Myrrhe der Schmerzen hast du ja bei dir. Er wird sie annehmen.

Dieser Abschnitt im Text von Karl Rahner ist noch einmal so etwas wie eine Zusammenfassung. Wesentlich finde ich den Satz: »Lass es fahren!« Das ist eine aktive Handlung. Und eine, die uns oft genug sehr schwerfällt. Denn nicht alles, was wir loslassen müssen, lassen wir gerne zurück – sogar, wenn wir es vielleicht als Ballast empfunden haben.

»Lass es fahren« – darin steckt, dass ich aktiv, bewusst und mit voller Kraft einwillige, etwas loszulassen – Dinge, von denen ich selbst spüre, dass sie mich belasten oder beschweren, oder solche, die mir auf dem Weg genommen werden und bei denen ich auf das Loslassenmüssen keinen Einfluss habe. Eine solche Einwilligung in das Loslassen kann sehr heilsam sein. Es bedeutet, einzusehen, dass ich etwas nicht mehr tragen oder auch ertragen kann, weil der Rucksack für meinen Weg dann zu schwer wird und ich Gefahr laufe, dass mir unterwegs die Kraft ausgeht und die Last mich überfordert. Dazu gehört auch die Gefahr, im Alten stecken zu bleiben, an etwas festzuhalten, das sich überholt hat oder aber sich ständig zu fragen, warum dies oder jenes gerade mir passieren muss.

Im Letzten geht es um die Versöhnung mit mir und meiner Lebensgeschichte – um meiner selbst willen, damit ich endlich in Frieden mit mir und Gott leben kann und kein stets nörgelnder Meckerhansel bin, der mit allem und jedem unzufrieden ist – weil das Schicksal ja so ungerecht zu ihm war.

Wie kann das aber gelingen? Ich erinnere mich, was ich einmal in einer Lebenssituation tat, in der es mir ähnlich erging: Es gab Veränderungen, Abschiede, neue Pfade, die ich gehen wollte. Aber ich spürte auch, dass ich es bisher nicht geschafft hatte, mich wirklich vom Alten zu verabschieden, einen Schlussstrich darunter zu ziehen. Ich nutzte daher meine jährlichen Exerzitien und stieg am frühen Morgen in der Dämmerung in eine Talschlucht hinunter. Dort legte ich symbolisch mit einem großen Stein, den ich mitgenommen hatte, alles ab, was ich hinter mir lassen wollte. Ich ließ mit diesem Stein alles los, dort am Anfang der Schlucht. Dann willigte ich bewusst in die Wandlungen ein und marschierte los. Als ich mit dem Sonnenaufgang wieder aus der Schlucht heraufstieg, spürte ich auf einmal einen tiefen Frieden in mir und ich wusste: Das Leben, so, wie es jetzt ist und werden will, heißt mich willkommen.

Ich wusste in keinster Weise, wie meine inneren Prozesse weitergehen und wohin sie mich führen würden, aber ich spürte: Es wird gut werden. Ich kann und darf dem Leben vertrauen, ich darf der Zukunft mutig entgegengehen, ich bin versöhnt mit mir und meinem Leben, wie es bis jetzt war. Das Leben meint es gut mit mir – auch, wenn es sich manchmal anders anfühlt.

So, wie mich an jenem Morgen das Leben willkommen geheißen und angenommen hat, so bin ich überzeugt, dass auch Gott mich annimmt am Beginn dieses Jahres, am Beginn eines unbeschriebenen Weges, den ich gehen und wagen darf. Er wird mich auf dem Weg der Ganzwerdung und Heilung begleiten.

Impuls

- Unternimm einen Spaziergang oder eine Wanderung zu einem Ort, der dir vertraut ist. Entscheide dich bewusst für drei Dinge, die du loslassen, hinter dir lassen willst. Lege sie an diesem Ort ab – in Gedanken, mit einem Symbol oder einem Brief, den du vorher geschrieben hast. Wenn du zurückgehst, richte deine Aufmerksamkeit darauf, dass dein Leben dich willkommen heißt: so, wie es war, wie es ist und wie es werden wird.

6. Januar

Denn du wirst ihn finden!

Das ist die Verheißung, die über dem Weg der drei Weisen stand und über unserem Leben steht: Wir werden ankommen, wir werden finden, worauf unser Stern uns verweist; unsere Sehnsucht wird erfüllt werden.

»Wer aufbricht, kommt auch heim«, sagt ein bekanntes Sprichwort. Wer es geschafft hat, einmal alle Hindernisse zu überwinden, einmal allen Mut zusammen zu nehmen, alle Verletzungen, alle Schmerzen, alle Verwundungen, alles Lähmende hinter sich zu lassen und der Verheißung des Sterns zu vertrauen, der wird auch ankommen. Der wird finden, wonach er sich sehnt.

In diesem Sprichwort steckt aber noch mehr, nämlich das Vertrauen darauf, dass der, der aufbricht, nicht nur ankommt, sondern heim, also dort ankommt, wo er zu Hause ist, wo er geborgen und sicher leben kann. Vielleicht ist das die große Herausforderung: uns selbst zu lassen, loszulassen, fallen zu lassen, um aufgefangen zu werden, um durchgetragen zu werden. Vielleicht können wir dann spüren: Es fügt sich, ich muss gar nicht alles selbst machen. Es reicht, wenn ich darauf vertraue, dass der Stern mich führt. Dann trägt mich auch das Vertrauen, dass ich nie tiefer fallen kann als in Gottes gute und liebende Hände.

Die Weisen haben sich gelassen, sie haben sich eingelassen auf einen Stern, der vielleicht erst fern schien, unerreichbar, der sie aber rief und dem sie in Treue gefolgt sind – entgegen allen anderen Meinungen, entgegen all dem, was die anderen sagten.

Am Ende finden sie nichts Geringeres als den Gottessohn, als Gott in einem Menschen. Es gibt ein Kunstwerk von Pater Meinrad, dem Künstler unseres Klosters, bei dem Maria das Jesuskind auf dem Arm hält. Das Kind ist sozusagen vergoldet, in einen goldenen Glanz gehüllt. Gemeint ist das göttliche Kind, das ganz heil ist, und damit ist es ein Bild für jedes Kind, für jeden Menschen, der geboren wird. Jeder Mensch hat seine eigene göttliche Würde und darf spüren, dass er von goldenem Glanz umhüllt ist, dass nichts ihn wirklich verletzen, dass nichts ihm schaden kann. Der Weg bringt zwar Verletzungen und Schmerzen mit sich, aber wir sind immer unterwegs nach Hause, zu uns selbst und damit zu Gott.

Impuls

- Setze dich an einen ruhigen Ort, werde still und lege deine geöffneten Hände auf deine Oberschenkel, sodass eine Art Schale entsteht. Verweile einige stille Augenblicke im Sitzen und stelle dir vor, wie du in den Händen Gottes aufgefangen und gehalten bist. Spüre dem Gedanken nach, dass er dich durchtragen wird und dich niemals fallen lässt. Löse dich nach einigen Minuten aus dieser Übung und nimm das Gefühl mit in den Tag, getragen und behütet zu sein.

Nachwort

Ein langer Weg liegt hinter uns: vom ersten Dezember bis zum Dreikönigsfest. Vom Aufbruch bis zur Ankunft. Dabei hat der Stern uns geleuchtet. Unser Lebensstern in unserem Herzen. Zeichen für Gottes Gegenwart in unserem Leben, für das Licht, das er für unser Leben sein will. Wenn jetzt unser Weg weiterführt ins neue Jahr, leuchtet er über uns.

Eigentlich können wir das ganze Jahr hindurch »weihnachtliche« Menschen sein, die keinen Tag lang vergessen, dass mitten in den Wirrungen des Alltags, in Anforderungen und Herausforderungen, in Zweifeln, Ängsten und Konflikten, in Höhen und Tiefen, in Liebe und Einsamkeit, Schmerz und Hoffnung, Zuversicht und Enttäuschung der Stern leuchtet und Gott in uns zur Welt kommt, in uns geboren wird.

Der Weg von der Krippe führt in den Alltag jedes Einzelnen, aber auch in den Alltag der Welt, der immer wieder auch Krisen kennt und Instabilität. Über all dem aber leuchtet Gottes Stern: die Hoffnung und Überzeugung, dass Gott seine Welt nicht alleinlässt, dass die Hoffnung bleibt, dass mit jedem Menschen auch Gott neu geboren wird und dass sein Licht durch den Menschen in die Welt leuchten will.

Seit Betlehem und seitdem die Nacht hell wurde, der Stern leuchtete und die drei Könige ankamen, gibt es keine Nacht, keinen Tag mehr, der nicht die Hoffnung und den Funken göttlich-friedlich-liebenden Lebens in sich trägt.

Ich wünsche Ihnen, liebe Leserin, lieber Leser, dass Sie sich immer daran erinnern: Gerade dann, wenn die Nacht am Dunkelsten ist, leuchtet der Stern am hellsten.

Bibliographische Information der Deutschen Nationalbibliothek
Die Deutsche Nationalbibliothek verzeichnet diese Publikation in der Deutschen Nationalbibliographie. Detaillierte bibliographische Daten sind im Internet über http://dnb.d-nb.de abrufbar.

FSC
www.fsc.org
MIX
Papier aus verantwortungsvollen Quellen
FSC® C014889

1. Auflage 2016

Lektorat: Marlene Fritsch
Umschlagfoto: Thomas Vogel/iStock.com
Umschlaggestaltung: wunderlichundweigand, Stefan Weigand
Druck und Bindung: Pustet, Regensburg
ISBN 978-3-7365-0038-9

www.vier-tuerme-verlag.de